독일 시와 가곡 · 2

크리스티안 F. 겔러르트에서 헤르만 헤세까지의 연가곡

독일 시와 가곡 • 2

크리스티안 F. 겔러르트에서 헤르만 헤세까지의 연가곡

피종호

사곰

머리말

시와 노래는 고대로부터 사회의 공동체 속에서 인간의 풍요로운 삶을 위한 필수적인 예술장르이자 사회적 범주였다. 오르페우스Orpheus 신화에서 보는 것처럼 시가 노래이며, 노래가 시가 되는 예술의 변용은 모든 시인들이 도달하고자 하는 이상적인 가인(歌人)의 경지이다. 언어의 음악화는 시인들의 지고한 과제이기도 하다. 모든 시인들이 작곡되기를 바라고 시를 쓰는 것은 아니지만, 유명한 음악가에 의해 작곡된 시들은 이런 의미에서 선택된 시라고 볼 수 있다. 이 책을 통해 시나 노래가 우리의 삶에 낯선 것이 아니라, 생활 속에 친숙한 것으로 느껴져서 독자들의 삶의 폭을 넓혀나가기를 바란다. 특히 언어 장벽 때문에 가곡의 참 맛을 느낄 수 없었던 독자들에게 이 책이 많은 도움이 되기를 바란다.

이 책은 대학에서 독일 시와 가곡에 관한 새로운 강좌를 개설하면서 수업 교재의 필요성을 느껴 편찬한 것이다. 독문학을 전공하면서 독일 가곡을 많이 들어왔지만, 막상 유명한 음악가에 의해 작곡된 아름다운 독일 시를 우리말로 옮기는 데에서 시적 정감이 잘 전달될는지에 대한 두려움이 앞선다. 여기에 실린 시들은 물론 노래로도 잘 알려졌지만, 문학성도 뛰어난 작품들을 골랐기 때문에, 한편의 시로 감상하여도 그 가치가 충분하다고 여겨진다. 또한 독자들이 독일어 원문과 우리말을 대조할 수 있도록 하였다. 단편적인 시들을 모은 시와 가곡 편은 널리 알려진 가곡들로 신인들의 출생 연도를 기준으로 연대순으로 정리되어 있다. 또한 독자의 이해를 돕기 위해서 괴테J. W. v. Goethe, 실러F. Schiller, 아이헨도르프J. v. Eichendorff, 뫼리케E. Mörike 등 중요한 시인들의 시에 주석을 덧붙였다.

독일 문학사조의 관점에서 볼 때, 이 시와 가곡 편은 감상주의 시대의 대표자인 클롭슈톡F. G. Klopstock에서부터 20세기의 존 헨리 멕케이John Henry Mackay까지 주옥같은 시들이 망라되어 있어서, 200여 년간에 독일 시문학이 발전해온 자취를 더듬어보는 재미도 있으리라고 여겨진다.

이 책의 독일 시는 디트리히 피셔-디스카우Dietrich Fischer-Dieskau의 『독일 가곡 텍스트. 핸드북Texte Deutscher Lieder. Ein Handbuch』(München 1984)에서 인용하였다. 그리고 독일 시인들의 생애를 중심으로 한 작품을 해설하는 데는 발터 킬리Walther Killy의『문학 사전. 독일어 작가와 작품Literatur-Lexikon. Autoren und Werke Deutscher Sprache』(München 1988~1991)을 많이 참조하였다.

차례

1

루트비히 판 베토벤(1803) 曲

Op.48 Nr.1-6, 1803

겔러르트의 시에 의한 여섯 노래

크리스티안 퓌르히테고트 겔러르트 詩

—

기도 Bitten

이웃사랑 Die Liebe des Nächsten

죽음 Vom Tode

자연에 나타난 하나님의 영광 Die Ehre Gottes aus der Natur

하나님의 권세와 섭리 Gottes Macht und Vorsehung

속죄의 노래 Bußlied

크리스티안 퓌르흐테고트 겔러르트

Christian Fürchtegott Gellert, 1715-1769

겔러르트는 가난한 집안에서 13형제 중 다섯 째 아들로 태어났다. 14세 되던 해 그는 마이센에 있는 성 아프라 영주학교에 진학하여 평생의 친구 게르트너 Gärtner와 라베너 Rabener를 만난다. 이후 그는 라이프치히 대학(1734-1738년)에서 공부를 했는데, 돈이 없어서 어느 부유한 집에서 집사 노릇을 하기도 했다.

1751년 겔러르트는 라이프치히 대학의 철학과 교수가 된다. 이후 죽을 때까지 겔러르트는 시학과 문체론, 윤리학에 대한 강의를 했고, 그의 강의는 대학생들에게 큰 반향을 일으켰다. 400명이 넘는 학생으로 강의실을 꽉 채우고, 청강생들 중에는 괴테도 있었다.

문학사적으로 겔러르트는 고트셰트와 레싱 사이의 과도기적 인물이다. 하지만 그 자신이 다양한 문학 장르에 새로운 요소를 도입했음에도 그의 문학적 위상은 제대로 평가받지 못한 면이 있다. 그는 계몽주의적 전통과 질풍노도 문학기의 혁신 사이에 위치하고 있다. "인간은 규범을 알 수 있다. 또 노력을 통해 규범을 현실화시킬 수도 있다. 그러나 천재성이 가미되지 않는 한 그 이상 나아갈 수는 없다. 다시 말해 예술가에겐 천재성이 필요하다!"라고 말할 정도로 정확히 자신의 과도기적 위치에 맞는 인식을 소유하고 있다.
겔러르트의 작품은 주로 1740년대와 1750년대에 집중적으로 쓰여진다. 1739년 그는 『러시아의 번영에 부치는 송가 Ode auf den heutigen Flor von Rußland』를 발표한다. 1751년엔 서간체 소설을 발표했고, 1757년엔 『찬송시와 찬송 가곡 Geistliche Oden und Lieder』을 발표한다. 아울러 그는 코미디극이나 소설, 연설문 등을 내놓기도 했다. 이와 같은 작품들을 통해 겔러르트는 이성과 감성의 조화라는 자신의 이상을 표현했다.

그러나 1770년대에 벌써 그는 자신이 구시대적인 시인이며, 이제 독일에 새로운 시인들이 등장할 것을 의식하고 있었다. 그럼에도 그의 작품은 19세기 혹은 20세기까지 무시할 수 없는 광범위한 영향을 끼쳤고, 비단 코미디극이나 소설뿐 아니라 우화와 시에 있어서도 그것은 마찬가지였다. 그의 시집 중 『찬송시와 찬송 가곡』은 칼 필립 엠마누엘 바흐에 의해 음악화되어 프로테스탄트 교회음악의 보물로 남아 있다. 또한 베토벤이 작곡한 '하늘이 영원하신 분의 영과을 찬양하세 Die Himmel rühmen des Ewigen Ehre'와 같은 시는 찬송가로 유명한 곡이다.

I. Bitten

Gott, deine Güte reicht so weit,
So weit die Wolken gehen;
Du krönst uns mit Barmherzigkeit
Und eilst, uns beizustehen.
Herr, meine Burg, mein Fels, mein Hort,
Vernimm mein Flehn, merk auf mein Wort;
Denn ich will vor dir beten!

Ich bitte nicht um Überfluß
Und Schätze dieser Erden.
Laß mir, so viel ich haben muß,
Nach deiner Gnade werden.
Gib mir nur Weisheit und Verstand,
Dich, Gott, und den, den du gesandt,
Und mich selbst zu erkennen.

1. 기도

주여, 당신의 선하심은 참으로 넓어
구름까지 닿사옵니다.
자비로 우리를 돌보시며
우리를 도우러 서둘러 오소서.
주여, 나의 성, 나의 반석, 나의 안식처이시여,
나의 간구 들으소서, 나의 말에 귀기울이소서,
제가 당신 앞에 기도하나이다.

제가 구하는 것은 이 땅위의
풍요가 아니며 보화도 아니옵니다.
당신의 은총에 따라
제가 가져야 할 것만 허락하소서.
다만 저에게 지혜와 이성을 주소서,
주님, 당신과 당신께서 보내신 분과,
그리고 저 자신을 인식할 수 있도록.

2. Die Liebe des Nächsten

So jemand spricht: Ich liebe Gott!
Und haßt doch seine Brüder,
Der treibt mit Gottes Wahrheit Spott,
Und reißt sie ganz darnieder.
Gott ist die Lieb, und will, daß ich
Den Nächsten liebe, gleich als mich.

Wer zwar mit Rat, mit Trost und Schutz
Den Nächsten unterstützet,
Doch nur aus Stolz, aus Eigennutz,
Aus Weichlichkeit ihm nützet,
Nicht aus Gehorsam, nicht aus Pflicht,
Der liebt auch seinen Nächsten nicht.

Ein unbarmherziges Gericht
Wird über den ergehen,
Der nicht barmherzig ist, der nicht
Die rettet, die ihn flehn.
Drum gib mir, Gott, durch deinen Geist
Ein Herz, das dich durch Liebe preist.

2. 이웃사랑

하나님을 사랑한다! 라고 말하면서
자기 형제들을 미워하는 자,
그는 하나님의 지혜를 조롱하며
완전히 능멸하는 자이네.
하나님은 사랑이시며, 내가
이웃을 내 몸같이 사랑하길 원하시네.

충고와 위로와 보호로
이웃을 돕지만,
자만과 이기심으로
유약한 마음으로 행하는 자,
복종과 의무로 하지 않는 자,
그도 역시 이웃을 사랑하는 것 아니리.

무자비한 심판이
내려지리라,
자신에게 애원하는 사람을
구하지 않는 무자비한 자에게는.
그러니, 주여, 성령을 통해 제게 주옵소서,
사랑으로 당신을 찬미하는 마음을.

3. Vom Tode

Meine Lebenszeit verstreicht,
Stündlich eil ich zu dem Grabe;
Und was ist's, das ich vielleicht,
Das ich noch zu leben habe?
Denk, o Mensch! an deinen Tod;
Säume nicht; denn Eins ist not.

Wenn in deiner letzten Not
Freunde hilflos um dich beben,
Dann wird über Welt und Tod
Dich dies reine Herz erheben;
Dann erschreckt dich kein Gericht;
Gott ist deine Zuversicht.

3. 죽음

내 삶의 시간은 덧없이 흐르고
매시간 무덤으로 가까이 가네.
그래도 내가 살아야 하는
이유가 도대체 무엇인가?
오, 이 사람아, 너의 죽음을 생각하라!
미루지 말라, 그것이 가장 중요한 일이니!

네가 최후의 곤경을 당하여
친구들도 돕지 못하고 전율할 때,
이 세상과 죽음을 넘어서
이 순수한 마음이 일어나리라.
심판에도 너는 놀라지 않으리니
하나님이 너를 지키시리라.

4. Die Ehre Gottes aus der Natur

Die Himmel rühmen des Ewigen Ehre,
Ihr Schall pflanzt seinen Namen fort.
Ihn rühmt der Erdkreis, ihn preisen die Meere,
Vernimm, o Mensch, ihr göttlich Wort!

Wer trägt der Himmel unzählbare Sterne?
Wer führt die Sonn' aus ihrem Zelt?
Sie kommt und leuchtet und lacht uns von ferne,
Und läuft den Weg, gleich als ein Held.

Vernimm's und siehe die Wunder der Werke,
Die die Natur dir aufgestellt!
Verkündigt Weisheit und Ordnung und Stärke
Dir nicht den Herrn, den Herrn der Welt?

Kannst du der Wesen unzählbare Heere,
Den kleinsten Staub fühllos beschaun?
Durch wen ist alles? Oh, gib ihm die Ehre!
Mir, ruft der Herr, sollst du vertraun.

4. 자연에 나타난 하나님의 영광

하늘은 영원자의 영광을 찬양하고
그 소리로 그 분의 이름을 널리 퍼트리네.
땅이 그 분을 기리고 바다가 찬미하니,
오 사람들아, 그 거룩한 말을 들을지라!

하늘의 수많은 별들을 옮기는 이 누구뇨?
태양을 천공에서 끌어내는 이 누구뇨?
태양은 빛나며 멀리서 우리에게 미소짓고
영웅처럼 자신의 운행을 시작하도다.

그 위업의 기적들을 듣고 보아라,
자연이 네 앞에 펼쳐 놓은 것을!
지혜와 질서와 권능이
주를, 세상의 주를 너에게 알리지 않나?

너는 셀 수 없이 많은 무리들을,
작은 먼지라도 감동 없이 볼 수 있나?
모든 것이 누구에 의해 이루어졌나? 오, 그에게 영광을!
주께서 부르시네, 나를 믿으라고.

5. Gottes Macht und Vorsehung

Gott ist mein Lied!
Er ist der Gott der Stärke;
Hehr ist sein Nam', und groß sind seine Werke,
Und alle Himmel sein Gebiet.

Ist Gott mein Schutz,
Will Gott mein Ritter werden,
So frag' ich nichts nach Himmel und nach Erden
Und biete selbst der Hölle Trutz.

5. 하나님의 권세와 섭리

하나님은 나의 노래!
하나님은 강하신 분일세!
그 이름 거룩하고 그의 솜씨 위대하며,
온 하늘이 그의 것일세.

하나님이 나의 피난처요,
나를 지키는 기사 되시면,
나는 하늘과 땅에 대해 묻지 않으며
지옥도 두렵지 않네.

6. Bußlied

An dir allein, an dir hab ich gesündigt,
Und Übel oft vor dir getan.
Du siehst die Schuld, die mir den Fluch verkündigt;
Sieh, Gott, auch meinen Jammer an.

Dir ist mein Flehn, mein Seufzen nicht verborgen,
Und meine Tränen sind vor dir.
Ach Gott, mein Gott, wie lange soll ich sorgen?
Wie lang entfernst du dich von mir?

Herr, handle nicht mit mir nach meinen Sünden,
Vergilt mir nicht nach meiner Schuld.
Ich suche dich; laß mich dein Antlitz finden,
Du Gott der Langmut und Geduld.

Früh wollst du mich mit deiner Gnade füllen,
Gott, Vater der Barmherzigkeit.
Erfreue mich um deines Namens willen,
Du bist ein Gott, der gern erfreut.

Laß deinen Weg mich wieder freudig wallen,
Und lehre mich dein heilig Recht,
Mich täglich tun nach deinem Wohlgefallen;
Du bist mein Gott, ich bin dein Knecht.

6. 속죄의 노래

다만 당신 앞에, 당신 앞에 죄를 지었나이다.
당신 앞에 악을 행하였나이다
저주를 예고하는 죄를 주께서 보시나니,
보옵소서, 하나님이여, 나의 이 고통도.

나의 애원과 한숨, 당신 앞에 가리지 못하며
내 눈물도 감출 수 없나이다.
아, 나의 하나님이여, 언제까지 괴로워하리까?
언제까지 멀리 떠나 계시렵니까?

주여, 나의 죄로 나를 헤아리지 마시고
나의 잘못으로 갚지 마옵소서.
나 당신을 찾사오니, 주님 모습 보여주소서,
참으시고 기다리시는 하나님이여.

어서 당신의 은총으로 나를 채우소서
하나님, 자비로운 아버지여.
당신의 이름을 위해 나를 기쁘게 하소서,
당신은 기뻐하시는 하나님이시옵니다.

당신의 길을 다시 즐거이 걷게 하시고,
당신의 거룩한 의를 가르치사
날마다 당신의 기쁨을 위해 행하게 하소서
당신은 나의 하나님, 나는 당신의 종이옵니다.

Herr, eile du, mein Schutz, mir beizustehen,
Und leite mich auf ebner Bahn.
Er hört mein Schrei'n, der Herr erhört mein Flehen,
Und nimmt sich meiner Seelen an.

나의 피난처 되신 주여, 어서 나를 도우소서,
그리고 나를 평탄한 길로 이끄소서.
주는 나의 외침과 나의 애원을 들으시며
나의 영혼을 돌보시나이다.

2

루트비히 판 베토벤(1816)

Op.98 Nr.1-6, 1816

멀리 있는 연인에게

알로이스 (이지도르) 야이텔레스

—

언덕 위에 앉아 바라보네 Auf dem Hügel sitz ich, spähend

저렇게 푸른 산이 Wo die Berge so blau

저 높은 곳의 작은 새야 Leichte Segler in den Höhen

저 높은 곳의 구름이 Diese Wolken in den Höhen

오월이 돌아와, 풀밭에는 꽃이 피고 Es kehrt der Maien, es blühet die Au

이 노래를 가져가다오 Nimm sie hin denn, diese Lieder

알리오스 (이지도르) 야이텔레스

Aloys (Isidor) Jeitteles, 1794-1858

야이텔레스는 체코의 두 번째 큰 도시인 브륀 Brünn에서 태어나서 그곳에서 작고한 유태인 가문의 의사이자 문인이며, 또한 편집자이기도 하다.

그의 연작시 〈멀리 있는 연인에게〉는 연인에 대한 열정, 고통, 해결책의 제시라는 주제군 이외에도, 베토벤의 주된 주제인 이별과 자연에 대한 경외감이라는 연관성 속에서의 동경을 잘 보여주고 있다.

6개의 시로 이루어진 야이텔로스의 연작시는 대학생이던 당시 비엔나에 살고 있으면서 쓴 시이다. 이 연작시는 1816년 10월 슈타이너 A. Steiner가 비엔나에서 출간한 책 속에 들어있었다. 베토벤은 이 시의 원고를 얻게 되었을 때, 친구인 페르디난트 리스 Ferdinand Ries에게 보낸 편지에 "내가 얻을 수 없을 것을 얻었다"라고 적고 있다.

〈겔러르트의 시에 의한 여섯〉에서 보듯이, 이전에 베토벤이 곡을 붙인 노래가 송가의 유형이거나 아리아유형의 곡인데 반해, 연가곡 〈멀리 있는 연인에게〉는 그에게 새로운 유형이다. 그가 이 곡을 쓰고 있을 때에, 슈베르트는 이미 자신의 초기 가곡을 쓰고 있었다. 하지만 베토벤의 가곡은 가곡의 장르에 새로운 기여를 하고 있다. 연가곡 〈멀리 있는 연인에게〉는 시연의 형식에서뿐 아니라, 운율적 형식에 있어서도 서로 연관성을 지니고 있으며, 또한 대칭적 구조를 이루고 있다.

베토벤은 〈멀리 있는 연인〉을 자신의 후원자인 비엔나의 로브코비츠 Lobkowitz 공(公)에게 헌정했지만, '멀리 있는 연인'이 누구인지는 아직도 분명하게 밝혀지지 않고 있다. 베토벤의 유품에서 발견된 편지 중에서 "불멸의 연인 Unsterbliche Geliebte"에게 보내려했던 편지의 수신자가 '멀리 있는 여인'과 동일한 인물인지는 아직 밝혀지지 않고 있다. 하지만 1954년 독일의 주간지인 '차이트 Die Zeit'신문이 보도한 바에 의하면, 1812년 7월 6일과 7월 7일에 독일에 인접한 체코의 도시 테프리츠 Teplitz에서 쓴 이 편지의 수신인인 '불멸의 연인'은 남작부인인 요세핀 부른스빅 다임 슈타클베르크 Josephine Brunsvik-Deym-Stackelberg로 추정되고 있다. 같은 해 7월 19일에서 25일 사이에 베토벤은 이 도시에서 독일의 문호 괴테를 만난 것으로도 유명하다. 이에 반해 '멀리 있는 연인'은 베토벤이 1811년에 테프리츠에서 만난 낭만주의 여류작가인 라헬 폰 바른하겐 Rahel von Varnhagen으로 추정되고 있다.

1. Auf dem Hügel sitz ich, spähend

Auf dem Hügel sitz' ich, spähend
In das blaue Nebelland,
Nach den fernen Triften sehend
Wo ich dich, Geliebte, fand.

Weit bin ich von dir geschieden,
Trennend liegen Berg und Tal
Zwischen uns und unserm Frieden,
Unserm Glück und unsrer Qual.

Ach, den Blick kannst du nicht sehen,
Der zu dir so glühend eilt,
Und die Seufzer, sie verwehen
In dem Raume, der uns teilt.

Will denn nichts mehr zu dir dringen,
Nichts der Liebe Bote sein?
Singen will ich, Lieder singen,
Die dir klagen meine Pein!

Denn vor Liedesklang entweichet
Jeder Raum und jede Zeit,
Und ein liebend Herz erreichet,
Was ein liebend Herz geweiht!

1. 언덕 위에 앉아 바라보네

언덕위에 앉아 바라보네.
안개 낀 푸른 대지를.
멀리 초원을 바라보면서
나는 연인인 그대를 찾았네.

나는 그대와 멀리 떨어져,
산과 계곡이 가로놓여있네,
우리와 우리의 화목함 사이에
우리의 행복과 우리의 고통사이에.

아, 그 광경을 그댄 볼 수 없으리,
갈망하며 그대에게 달려가는 그 광경을,
한숨은 사라지나니
우리를 갈라놓은 공간속에서.

그대에게 나아갈 자가 없단 말인가
사랑의 전령이 없단 말인가?
나는 노래하리라, 노래를 부르리,
그대에게 나의 고통을 말하는 노래를!

사랑의 울림으로 사라지기 때문에
모든 공간과 모든 시간이.
사랑하는 마음은 얻으리
사랑하는 마음이 바친 것을!

2. Wo die Berge so blau

Wo die Berge so blau
Aus dem nebligen Grau
Schauen herein,
Wo die Sonne verglüht,
Wo die Wolke umzieht,
Möchte ich sein!

Dort im ruhigen Tal
Schweigen Schmerzen und Qual.
Wo im Gestein
Still die Primel dort sinnt,
Weht so leise der Wind,
Möchte ich sein!

Hin zum sinnigen Wald
Drängt mich Liebesgewalt,
Innere Pein.
Ach, mich zög's nicht von hier,
Könnt ich, Traute, bei dir
Ewigkeit sein!

2. 저렇게 푸른 산이

저렇게 푸른 산이
희뿌연 안개에서 벗어나
내려다보는 그곳에.
태양이 식어가는 그곳에,
구름이 비켜가는 그곳에,
나 있고 싶네!

거기 아늑한 계곡에는
고통과 괴로움이 고요히.
암벽에
조용히 앵초 꽃이 사색에 잠겨,
바람이 나직이 부는 그곳에
나 있고 싶네!

명상에 잠긴 숲으로
사랑의 힘에 이끌려,
마음의 고통.
아, 이 고통으로 여기에서 나아갈 수 없으니,
나, 사랑스런 그대 곁에
영원히 있을 수 있다면!

3. Leichte Segler in den Höhen

Leichte Segler in den Höhen
Und du Bächlein klein und schmal,
Könnt mein Liebchen ihr erspähen,
Grüßt sie mir viel tausendmal.

Seht, ihr Wolken, sie dann gehen
Sinnend in dem stillen Tal,
Laßt mein Bild vor ihr entstehen
In dem luftgen Himmelssaal.

Wird sie an den Büschen stehen,
Die nun herbstlich falb und kahl,
Klagt ihr, wie mir ist geschehen,
Klagt ihr, Vögelein, meine Qual.

Stille Weste, bringt im Wehen
Hin zu meiner Herzenswahl
Meine Seufzer, die vergehen
Wie der Sonne letzter Strahl.

Flüstr ihr zu mein Liebesflehen
Laß sie, Bächlein, klein und schmal,
Treu in denen Wogen sehen
Meine Tränen ohne Zahl!

3. 저 높은 곳의 작은 새야

저 높은 곳의 작은 새야,
그대, 가느다란 작은 냇물아,
내 사랑이 그대를 알아보거든,
언제라도 나의 안부를 전해다오.

그대는 보는가, 구름이 가는 것을,
사색에 잠겨 고요한 계곡으로,
그녀 앞에서 내 모습을 그리리라
쾌청한 하늘의 궁창 속에서.

그녀가 덤불가까이 있다면,
가을에 잎이 시들어 앙상한 덤불에.
그녀에게 탄식해다오, 나에게 일어난 일을,
그녀에게 탄식해다오, 작은 새야, 나의 고통을!

잔잔한 서풍은 바람을 타고
내 마음이 선택한 자에게로.
나의 탄식은 사라져가니
태양의 마지막 햇살같구나.

그녀에게 내 사랑의 탄원을 속삭여다오.
그녀가, 가느다란 작은 냇물아,
진정, 너의 너울 속에서 보게 해다오,
하염없는 나의 눈물을!

4. Diese Wolken in den Höhen

Diese Wolken in den Höhen,
Dieser Vöglein muntrer Zug
Werden dich, o Huldin, sehen.
Nehmt mich mit im leichten Flug!

Diese Weste werden spielen
Scherzend dir um Wang und Brust,
In den seidnen Locken wühlen.
Teilt ich mit euch diese Lust!

Hin zu dir von jenen Hügeln
Emsig dieses Bächlein eilt.
Wird ihr Bild sich in dir spiegeln,
Fließ zurück dann unverweilt!

4. 저 높은 곳의 구름이

저 높은 곳의 구름이,
경쾌하게 지나가는 새들이
그대를, 오 연인이여, 보리라.
가벼운 날갯짓으로 나를 데려가 다오!

서풍이 불어오네,
그대의 뺨과 가슴주위를 유희하면서,
비단결 곱슬머리 속으로.
나 그대와 함께 이 즐거움을 나누리.

이 언덕에서 그대에게로
쉼 없이 작은 냇물은 바삐 흐르는구나.
그대의 모습이 냇물 속에 비치면,
지체 없이 다시 되돌아와 다오!

5. Es kehrt der Maien, es blühet die Au

Es kehrt der Maien, es blühet die Au.
Die Lüfte, sie wehen so milde, so lau.
Geschwätzig die Bäche nun rinnen.
Die Schwalbe, die kehrt zum wirtlichen Dach,
Sie baut sich so emsig ihr bräutlich Gemach,
Die Liebe soll wohnen da drinnen.
Sie bringt sich geschäftig von kreuz und von quer
Manch wiecheres Stück zu dem Brautbett hieher,
Manch wärmendes Stück für die Kleinen.
Nun wohnen die Gatten beisammen so treu,
Was Winter geschieden, verband nun der Mai,
Was liebet, das weiß er zu einen.
Es kehret der Maien, es blühet die Au.
Die Lüfte, sie wehen so milde, so lau.
Nur ich kann nicht ziehen von hinnen.
Wenn alles, was liebet, der Frühling vereint,
Nur unserer Liebe kein Frühling erscheint,
Und Tränen sind all ihr Gewinnen.

5. 오월이 돌아와, 풀밭에는 꽃이 피고

오월이 돌아와, 풀밭에는 꽃이 피고,
미풍은 부드럽게 산들거리며,
재잘거리듯 냇물은 흘러내리네.
제비는 환대하는 집의 처마로 돌아와,
부지런히 신방을 차리네.
사랑도 거기에 깃들어야 할지니.
제비는 이리저리 바삐 날며,
신방침대를 위한 많은 부드러운 가지와
새끼를 위한 보온가지를 물고 오네.
이제 부부는 충실히 함께 사네.
겨울이 갈라놓은 것을 오월이 묶어놓네.
사랑하는 것을 오월이 하나로 만드네.
오월이 돌아와, 풀밭에는 꽃이 피네.
미풍은 부드럽게 산들거리며,
오직 나만 여기서 떠날 수 없네.
사랑하는 모든 것을 봄이 하나로 만들 때,
오직 우리 사랑에는 봄이 오지 않으니,
눈물이 우리들의 위안이 되네.

6. Nimm sie hin denn, diese Lieder

Nimm sie hin denn, diese Lieder,
Die ich dir, Geliebte, sang,
Singe sie dann abends wieder
Zu der Laute süßem Klang.

Wenn das Dämmrungsrot dann ziehet
Nach dem stillen blauen See,
Und sein letzter Strahl verglühet
Hinter jener Bergeshöh;

Und du singst, was ich gesungen,
Was mir aus der vollen Brust
Ohne Kunstgepräng erklungen,
Nur der Sehnsucht sich bewußt:

Dann vor diesen Liedern weichet,
Was geschieden uns so weit,
Und ein liebend Herz erreichet,
Was ein liebend Herz geweiht.

6. 이 노래를 가져가다오

이 노래를 가져가다오,
내가 그대 연인에게 불렀던 노래를.
저녁마다 그 노래를 다시 부르게,
만돌린의 감미로운 소리에 맞추어!

황혼이 깃들면,
잔잔한 푸른 호수로,
마지막 햇살이 사라지면,
저기 저 산 너머로.

그대는 노래하네, 내가 불렀던 노래를,
내가 마음을 다해
꾸밈없이 불렀던 노래를,
다만 그리움은 알지니.

이 노래에 비켜나리라,
우리를 저 멀리 갈라놓은 것은.
사랑하는 마음은 얻으리
사랑하는 마음이 바친 것을.

3

프란츠 슈베르트 (1823) 曲

Op.25 Nr.1–20.

아름다운 물방앗간 아가씨

빌헬름 뮐러 詩

—

방랑 Das Wandern

어디로? Wohin?

정지! Halt!

시냇물에 대한 감사 Danksagung an den Bach

하루 일을 마치고 Am Feierabend

궁금한 사람 Der Neugierige

초조 Ungeduld

아침 인사 Morgengruß

물방앗간 청년의 꽃 Des Müllers Blumen

눈물의 비 Tränenregen

내 것! Mein!

휴지(休止) Pause

라우테의 초록 리본 Mit dem grünen Lautenbande

사냥꾼 Der Jäger

질투와 자존심 Eifersucht und Stolz

좋아하는 색 Die liebe Farbe

미운 색 Die böse Farbe

마른 꽃 Trockne Blumen

물방앗간 청년과 시냇물 Der Müller und der Bach

시냇물의 자장가 Des Baches Wiegenlied

빌헬름 뮐러

Wilhelm Müller, 1794-1827

뮐러는 데사우 출신의 낭만파 서정시인이다. 그는 1812년부터 베를린대학에서 언어학을 배우고 1813-14년에 대(對)나폴레옹 전쟁에 프로이센의 지원병으로 참전하기도 한다.

이미 대학시절부터 사교적인 성격이 나타난 뮐러는 독일 언어학회인 〈베를린 학회 Berlinische Gesellschaft〉에 참여했고 많은 사교모임을 방문했다. 그는 아르님 Arnim, 브렌타노 Brentano, 푸케 Fouqué, 티이크 Tiek 등 낭만파 문인들과 친하게 지냈으며. 친구들과 함께 1816년에는 시가 문집을 발행하기도 한다. 베를린 대학의 위임을 받아 뮐러는 프로이센 출신의 자크 Sack남작과 이집트로 가기로 했으나, 페스트 창궐로 인해 목적지를 이탈리아로 변경한다. 1818년 1월 로마에 도착한 두 사람은 부활절 때 성격 차이로 갈라서고, 뮐러는 나폴리로 갔다가 로마 근교에 있는 알반에서 여름을 보낸다. 1819년 귀국한 뮐러는 고등학교의 라틴어와 그리스어 교사가 되어 고향 데사우로 돌아가고, 거기서 궁정도서관의 관장으로 지명된다. 1821년에는 아델하이트 바제도프 Adelheid Basedow와 결혼한다. 1824년에는 궁중 고문관으로 임명된다. 그는 시뿐만 아니라 여러 잡지에 평론을 기고하며 활발한 문학 활동을 했다. 이렇듯 한창 삶이 꽃피던 시기에 뮐러는 남서독일 여행에서 돌아온 후 심장마비로 인해 아깝게 요절하고 만다.

그의 시중에서 그리스 자유를 위한 싸움을 담은 시들-『그리스 노래 Lieder der Griechen (1821)』, 『새로운 그리스 노래 Neue Lieder der Griechen (1823)』, 『최신 그리스 노래 Neuste Lieder der Griechen (1824)』 -이 가장 성공적이었다. 이 시들

에는 뮐러의 자유주의 사상과 해방전쟁의 영향을 받아 전 유럽에 퍼져있는 그리스 애호자주의임이 명백하게 드러난다. 당시 비슷한 주제를 다루는 작품들이 쏟아져 나왔지만 그의 작품은 독특한 운율로써 단연 두드러진다.

그의 서정시에서는 아이헨도르프와 비슷한 낭만적인 민요풍이 발견된다. 그는 후기 낭만파의 손꼽히는 서정시인이었으며, 『아름다운 물방앗간의 아가씨 Die schöne Müllerin (1820)』, 『겨울 나그네 Winterreise (1823)』 등이 슈베르트에 의해 작곡되어 만인의 사랑을 받고 있다. 특히 『아름다운 물방앗간의 아가씨』는 1816년부터 뮐러가 여류시인인 루이제 헨젤 Luise Hensel을 흠모하면서 만들어졌다. 그의 서정시들은 어둡고 우울한 정조가 강하지만, 향토적이며 애국적인 민요풍의 리듬으로 인해 자주 애송되고 작곡되었다. 그래서 뮐러를 근대적 독일 민요의 창시자라고 일컫는 것은 틀린 말이 아니다. 하지만 20세기 초부터 그의 영향은 감소되고 있다.

1. Das Wandern

Das Wandern ist des Müllers Lust,
das Wandern!
Das muß ein schlechter Müller sein,
dem niemals fiel das Wandern ein,
das Wandern.

Vom Wasser haben wir's gelernt,
vom Wasser!
Das hat nicht Rast bei Tag und Nacht,
ist stets auf Wanderschaft bedacht,
das Wasser.

Das sehn wir auch den Rädern ab,
den Rädern!
Die gar nicht gerne stille stehn,
die sich mein Tag nicht müde drehn,
die Räder.

Die Steine selbst, so schwer sie sind,
die Steine!
Die tanzen mit dem muntern Reihn
und wollen gar noch schneller sein,
die Steine.

1. 방랑

방랑은 물방앗간 청년의 즐거움,
방랑은!
방랑을 한 번도 생각하지 않은 자는,
잘못된 물방앗간 청년이지,
방랑을.

물에서 우리는 배웠네,
물에서!
물은 밤낮 쉬지 않고 흐르며,
언제나 방랑을 생각한다네,
물은.

우리는 물방아 바퀴에서도 알 수 있네,
바퀴에서도!
바퀴는 멈추려 하지 않고,
온종일 지치지 않고 도네,
바퀴는.

무거운 돌멩이들조차 움직이네,
돌들도!
돌들은 흥겹게 춤을 추며
더 빨리 움직이려 하네,
돌들은.

O Wandern, Wandern, meine Lust,
o Wandern!
Herr Meister und Frau Meisterin,
laßt mich in Frieden weiterziehn
und wandern.

오 방랑, 방랑은 나의 기쁨,
오 방랑!
주인 나리와 주인 마님,
평화롭게 떠나도록 허락해주오
방랑 길로.

2. Wohin?

Ich hört' ein Bächlein rauschen,
wohl aus dem Felsenquell,
hinab zum Tale rauschen
so frisch und wunderhell.

Ich weiß nicht, wie mir wurde,
nicht, wer den Rat mir gab,
ich mußte auch hinunter
mit meinem Wanderstab.

Hinunter und immer weiter,
und immer dem Bache nach,
und immer frischer rauschte
und immer heller der Bach.

Ist das denn meine Straße?
O Bächlein, sprich, wohin?
Du hast mit deinem Rauschen
mir ganz berauscht den Sinn.

Was sag ich denn vom Rauschen?
Das kann kein Rauschen sein:
Es singen wohl die Nixen
tief unten ihren Reihn.

2. 어디로?

나 듣고 있네, 바위틈에서
솟아 흐르는 저 시냇물 소리,
계곡으로 내려가서
시원하고 맑게 울리는 소리를.

어찌된 일인지 모르고,
누가 말해줄지 나 모르지만,
나도 따라 내려가야겠네
방랑의 이 지팡이 짚고.

아래로 계속 더 멀리
냇물을 따라 가야겠네,
점점 더 신선하게
점점 더 맑게 소리내는 냇물을.

도대체 이것이 나의 길인가?
오 냇물아, 말해 다오, 어디로?
졸졸 흐르는 네 소리에
나의 마음은 취해버렸네.

저 물소리에 대해 나 무얼 말하리?
저건 물 흐르는 소리 아니라
아래 깊은 곳에서 춤을 추는
요정들의 노래일 텐데.

Laß singen, Gesell, laß rauschen,
und wandre fröhlich nach!
Es gehn ja Mühlenräder
in jedem klaren Bach!

노래하며 졸졸 흐르게 두세, 친구여,
그리고 즐거이 따라 가세!
맑은 시내 흐르는 곳마다
물방아 바퀴는 돌아간다네!

3. Halt!

Eine Mühle seh ich blinken
aus den Erlen heraus,
durch Rauschen und Singen
bricht Rädergebraus.

Ei willkommen, ei willkommen,
Süßer Mühlengesang!
Und das Haus, wie so traulich!
Und die Fenster, wie blank!

Und die Sonne, wie helle
vom Himmel sie scheint.
Ei, Bächlein, liebes Bächlein,
war es also gemeint?

3. 정지!

오리나무 숲 사이로 환히
물방앗간 한 채 보이네.
시냇물 노래하며 흐르는 사이로
물방아 바퀴 돌아가는 소리.

반갑구나, 반가워,
감미로운 물방아의 노래!
저 집은 얼마나 아늑한지!
저 창문은 얼마나 반짝이는지!

그리고 하늘에서 빛나는
태양은 얼마나 찬란한지,
아 냇물아, 사랑스런 냇물아,
이런 뜻이었나?

4. Danksagung an den Bach

War es also gemeint,
mein rauschender Freund?
Dein Singen, dein Klingen,
war es also gemeint?

Zur Müllerin hin!
So lautet der Sinn.
Gelt, hab ich's verstanden?
Zur Müllerin hin!

Hat sie dich geschickt?
Oder hast mich berückt?
Das möcht ich noch wissen,
ob sie dich geschickt.

Nun wie's auch mag sein,
ich gebe mich drein:
Was ich such, hab ich funden,
wie's immer mag sein.

Nach Arbeit ich frug,
nun hab ich genug,
für die Hände, fürs Herze
voll auf genug.

4. 시냇물에 대한 감사

그런 뜻이었나,
속삭이는 나의 친구여?
너의 노래, 너의 물소리,
그런 뜻이었나?

물방앗간 아가씨에게로!
분명 그런 의미였는데.
내가 제대로 알아들었는지?
물방앗간 아가씨에게로!

그녀가 너를 보냈나?
아니면 네가 날 속이나?
그것을 정말 알고 싶구나,
그녀가 너를 보냈는지를.

그것이 어떻든 간에
기꺼이 나를 맡기리라.
내가 찾던 것을 발견했으니,
그것이 어떻든 간에.

나는 일을 청하였네,
이젠 부족함이 없다네,
나의 손도 나의 마음도
넉넉하다네, 충만하다네.

5. Am Feierabend

Hätt ich tausend Arme zu rühren!
Könnt ich brausend die Räder führen!
Könnt ich wehen durch alle Haine!
Könnt ich drehen alle Steine!
Daß die schöne Müllerin
merkte meinen treuen Sinn.

Ach, wie ist mein Arm so schwach!
Was ich hebe, was ich trage,
was ich schneide, was ich schlage,
jeder Knappe tut mir's nach.

Und da sitz ich in der großen Runde,
in der stillen kühlen Feierstunde,
und der Meister spricht zu allen:
Euer Werk hat mir gefallen,
und das liebe Mädchen sagt -
allen eine gute Nacht.

5. 하루 일을 마치고

수많은 팔을 휘두를 수 있다면!
물방아 바퀴를 소리내어 돌릴 수 있다면!
바람 되어 모든 숲을 지날 수 있다면!
모든 돌들을 움직일 수 있다면!
아름다운 물방앗간 아가씨가
나의 진실한 마음 알 텐데!

아, 내 팔은 너무 약하구나!
무엇을 들거나, 옮기거나,
자르거나, 내리칠 때,
견습생도 나보다 나으리.

일이 끝난 후 조용하고 시원한 저녁
나는 둘러앉은 일꾼들 사이에 있네.
주인은 모두에게 말하네,
그대들 작업이 마음에 든다고.
그러면 그 사랑스런 처녀도
모두에게 잘 자라고 인사하네.

6. Der Neugierige

Ich frage keine Blume,
ich frage keinen Stern;
sie können mir alle nicht sagen,
was ich erführ so gern.

Ich bin ja auch kein Gärtner,
die Sterne stehn zu hoch;
mein Bächlein will ich fragen,
ob mich mein Herz belog.

O Bächlein meiner Liebe,
wie bist du heut so stumm!
Will ja nur eines wissen,
ein Wörtchen um und um.

Ja! heißt das eine Wörtchen,
das andre heißet nein,
die beiden Wörtchen schließen,
die ganze Welt mir ein.

O Bächlein meiner Liebe,
was bist du wunderlich!
Will's ja nicht weitersagen,
sag, Bächlein, liebt sie mich?

6. 궁금한 사람

꽃에게는 나 묻지 않으리
별에게도 나 묻지 않으리
내가 알고 싶은 것을
그들은 말해줄 수 없네.

나는 정원사도 아니며,
별들은 너무 높이 떠 있네.
시냇물에게 물어보겠네,
내 마음이 나를 속인 건지를.

오 사랑하는 냇물아,
왜 오늘따라 말이 없느냐!
내가 알고 싶은 것은 한 가지,
그저 한 마디 말뿐이네.

"네" 라는 그 한 마디,
"아니" 라는 다른 한 마디.
이 두 개의 말에 나의
온 세상이 달려 있지.

내 사랑 냇물아,
참 이상하기도 하구나!
내 더 말하고 싶지 않으니, 말해다오,
냇물아, 그녀는 나를 사랑하니?

7. Ungeduld

Ich schnitt' es gern in alle Rinden ein,
ich grüb es gern in jeden Kieselstein,
ich möcht es sän auf jedes frische Beet
mit Kressensamen, der es schnell verrät,
auf jeden weißen Zettel möcht ich's schreiben:
Dein ist mein Herz und soll es ewig bleiben!

Ich möcht mir ziehen einen jungen Star,
bis daß er spräch die Worte rein und klar,
bis er sie spräch mit meines Mundes Klang,
mit meines Herzens vollem, heißem Drang;
dann säng er hell durch ihre Fensterscheiben:
Dein ist mein Herz und soll es ewig bleiben!

Den Morgenwinden möcht ich's hauchen ein,
ich möcht es säuseln durch den regen Hain;
o, leuchtet' es aus jedem Blumenstern!
Trüg' es der Duft zu ihr von nah und fern!
Ihr Wogen, könnt ihr nichts als Räder treiben?
Dein ist mein Herz und soll es ewig bleiben!

Ich meint, es müßt in meinen Augen stehn,
auf meinen Wangen müßt man's brennen sehn,
zu lesen wär's auf meinem stummen Mund,
ein jeder Atemzug gäb's laut ihr kund;
und sie merkt nichts von all dem bangen Treiben:
Dein ist mein Herz und soll es ewig bleiben!

7. 초조

모든 나무마다 새기고 싶어라,
조약돌 하나하나에 파묻고 싶어라,
싱그러운 꽃밭마다 뿌리고 싶어라,
곧바로 싹이 틀 겨자씨와 함께.
하얀 종이마다 쓰고 싶어라,
내 마음은 그대의 것, 영원히 그대의 것이라고!

나 어린 찌르레기를 기르고 싶네,
순수하고 분명하게 그 말을 할 때까지,
내 입의 소리로, 충만하고 뜨거운
내 마음의 열망으로 그녀에게 말할 때까지.
그때 찌르레기는 그녀의 창으로 들어가 노래하리라,
내 마음은 그대의 것, 영원히 그대의 것이라고!

입김을 불어 그것을 아침 바람에 날리고 싶구나,
싱그러운 숲에게 그것을 속삭이고 싶구나,
그것이 모든 꽃 속에서 빛난다면!
향기가 멀고도 가까이 그 말을 그녀에게 전해준다면 !
너희 물결아, 물방아 바퀴만 움직일 뿐인가?
내 마음은 그대의 것, 영원히 그대의 것이라네!

어쩌면 그것은 내 눈에 나타날 듯한데,
내 뺨에서도 타는 것이 보일 듯한데,
나의 다문 입술에서도 읽을 수 있을 듯한데,
나의 호흡까지도 그녀에게 큰 소리로 알려줄 텐데.
하지만 이 모든 불안한 충동에 대해 그녀 전혀 모르네,
내 마음은 그대의 것, 영원히 그대의 것인데!

8. Morgengruß

Guten Morgen, schöne Müllerin!
Wo steckst du gleich das Köpfchen hin,
als wär dir was geschehen?
Verdrießt dich denn mein Gruß so schwer?
Verstört dich denn mein Blick so sehr?
So muß ich wieder gehen.

O laß mich nur von ferne stehn,
nach deinem lieben Fenster sehn,
von ferne, ganz von ferne!
Du blondes Köpfchen, komm hervor!
Hervor aus eurem runden Tor,
ihr blauen Morgensterne!

Ihr schlummertrunknen Äugelein,
ihr taubetrübten Blümelein,
Was scheuet ihr die Sonne?
Hat es die Nacht so gut gemeint,
daß ihr euch schließt und bückt und weint,
nach ihrer stillen Wonne?

Nun schüttelt ab der Träume Flor,
und hebt euch frisch und frei empor
in Gottes hellen Morgen!
Die Lerche wirbelt in der Luft;
und aus dem tiefen Herzen ruft
die Liebe, Leid und Sorgen.

8. 아침 인사

안녕, 어여쁜 물방앗간 아가씨!
마치 무슨 일이라도 난 듯
귀여운 고개를 바로 돌려버리는군요.
내 인사가 그대를 그렇게 언짢게 했나요?
내 눈길이 그렇게 당황스러웠나요?
그러면 나 물러가야겠지요.

오 다만 멀리 서 있게 해줘요.
그대의 귀여운 창을 바라보게 해줘요,
멀리서 아주 멀리서!
금발의 예쁜 머리여, 떠오르세요!
그대 푸른 두 개의 아침 별들,
동그란 문에서 떠오르세요!

잠에 취한 작은 눈,
이슬에 젖어 슬픈 예쁜 꽃들,
어째서 태양을 두려워하나요?
고요한 환희를 찾아 눈을 감고
몸을 굽혀 울었던 밤이
그대에게 그렇게 좋았던가요?

이제 꿈의 베일을 털어 버리고
싱그럽고 자유롭게 떠오르세요,
하나님의 밝은 아침을 향해서!
종달새는 하늘에서 노래하는데,
마음 깊은 곳에서 사랑은
괴로움과 번민을 외치고 있네.

9. Des Müllers Blumen

Am Bach viel kleine Blumen stehn,
aus hellen, blauen Augen sehn;
der Bach, der ist des Müllers Freund
und hellblau Liebchens Auge scheint,
drum sind es meine Blumen.

Dicht unter ihrem Fensterlein,
da will ich pflanzen die Blumen ein;
da ruft ihr zu, wenn alles schweigt,
wenn sich ihr Haupt zum Schlummer neigt,
ihr wißt ja, was ich meine.

Und wenn sie tät die Äuglein zu,
und schläft in süßer, süßer Ruh,
dann lispelt als ein Traumgesicht
ihr zu: Vergiß, vergiß mein nicht!
Das ist es, was ich meine.

Und schließt sie früh die Laden auf,
dann schaut mit Liebesblick hinauf;
der Tau in euren Äugelein,
das sollen meine Tränen sein,
die will ich auf euch weinen.

9. 물방앗간 청년의 꽃

냇가에 핀 수많은 작은 꽃들,
맑고 푸른 눈으로 바라보고 있네.
냇물은 물방아지기의 친구이며,
내 님의 눈동자는 맑고 푸르게 빛나니,
그들이 바로 내 꽃들이지.

그녀의 작은 창 아래 가까이,
그 곳에 나는 꽃들을 옮겨 심으리.
모두가 잠들면 그녀를 불러다오,
그녀의 머리가 졸음으로 기울 때.
너희들은 물론 내 마음을 알겠지.

그녀가 귀여운 두 눈을 감고
달디단 휴식 속에 잠이 들면
너희는 그녀의 꿈속에 나타나
속삭여다오, 나를 제발 잊지 말라고!
이것이 내 마음이란다.

아침 일찍 그녀가 창을 열고
사랑의 눈길로 내다볼 때,
너희 눈에 맺혀 있는 이슬방울,
그것은 곧 나의 눈물이란다.
너희 꽃 위에 흘리려는 내 눈물이지.

10. Tränenregen

Wir saßen so traulich beisammen
im kühlen Erlendach,
wir schauten so traulich zusammen
hinab in den rieselnden Bach.

Der Mond war auch gekommen,
die Sternlein hinterdrein,
und schauten so traulich zusammen
in den silbernen Spiegel hinein.

Ich sah nach keinem Monde,
nach keinem Sternenschien,
ich schaute nach ihrem Bilde,
nach ihren Augen allein.

Und sahe sie nicken und blicken
herauf aus dem seligen Bach,
die Blümlein am Ufer, die blauen,
sie nickten und blickten ihr nach.

Und in den Bach versunken
der ganze Himmel schien,
und wollte mich mit hinunter
in seine Tiefe ziehn.

10. 눈물의 비

우리는 정답게 앉아 있었네
시원한 오리나무 그늘에.
우리는 정답게 내려다보았네
소리내어 흐르는 냇물을.

달님도 찾아 왔네,
별들도 뒤따라 왔네.
그리고 함께 정답게
은빛 거울을 들여다보았네.

나는 달님을 보지 않고
별빛도 보지 않고
그녀의 모습만 보았네
그녀의 눈만을.

그리고 보았네, 그녀가 끄덕이며
행복한 냇물에서 시선을 들어
물가의 푸른 꽃들을 향하는 것을.
꽃들도 눈짓하며 그녀를 바라보았네.

그리고 온 하늘이
냇물에 잠겨 빛났고
물 속 깊은 곳으로
나를 데려가려 했네.

Und über den Wolken und Sternen
da rieselte munter der Bach,
und rief mit Singen und Klingen:
Geselle, Geselle, mir nach!

Da gingen die Augen mir über,
da ward es im Spiegel so kraus;
sie sprach: es kommt ein Regen,
ade! ich geh nach Haus.

구름과 별들 위로
냇물은 흥겹게 흐르면서
노래와 울림으로 외쳤네,
친구여, 친구여, 나를 따르게!

그 때 내 눈에서 눈물이 떨어져
거울 같은 냇물이 일그러지자,
그녀는 말했네, 비가 오려나 봐요,
안녕! 집에 가야겠어요.

11. Mein!

Bächlein, laß dein Rauschen sein!
Räder, stellt eur Brausen ein!
All ihr muntern Waldvögelein,
groß und klein, endet eure Melodein.
Durch den Hain aus und ein
schalle heut ein Reim allein:
die geliebte Müllerin ist mein!

Frühling, sind das alle deine Blümelein?
Sonne, hast du keinen hellern Schein?
Ach! so muß ich ganz allein,
mit dem seligen Worte mein,
unverstanden in der weiten Schöpfung sein.

Bächlein, laß dein Rauschen sein!
Räder, stellt eur Brausen ein!
All ihr muntern Waldvögelein,
groß und klein, endet eure Melodein.
Durch den Hain aus und ein
schalle heut ein Reim allein:
die geliebte Müllerin ist mein!

11. 내 것!

냇물아, 너의 소리를 그쳐라!
물방아 바퀴야, 너희들도 멈추어라!
즐거운 산새들아,
크건 작건 너희들도 노래를 끝내거라.
숲을 통해서
오늘은 하나의 운율만 울려 퍼지리라,
사랑스런 물방앗간 아가씨는 '내 것'!

봄아, 이것들이 너의 꽃 전부인가?
태양아, 더 밝은 빛을 비출 수는 없나?
아! 나는 이 넓은 창조 세계에
아무도 이해하지 않은 채,
복된 말 '내 것'과 홀로 남으리라.

냇물아, 너의 소리를 그쳐라!
물방아 바퀴야, 너희들도 멈추어라!
즐거운 산새들아,
크건 작건 너희들도 노래를 끝내거라.
숲을 통해서
오늘은 하나의 운율만 울려 퍼지리라,
사랑스런 물방앗간 아가씨는 '내 것'!

12. Pause

Meine Laute hab ich gehängt an die Wand,
hab sie umschlungen mit einem grünen Band -
ich kann nicht mehr singen, mein Herz ist zu voll,
weiß nicht, wie ich's in Reime zwingen soll.

Meiner Sehnsucht allerheißesten Schmerz
durft ich aushauchen in Liederscherz,
und wie ich klagte so süß und fein,
glaubt ich doch, mein Leiden wär nicht klein.

Ei, wie groß ist wohl meines Glückes Last,
daß kein Klang auf Erden es in sich faßt,
Nun liebe Laute, ruh an dem Nagel hier!
Und weht ein Lüftchen über die Saiten dir,
und streift eine Biene mit ihren Flügeln dich,
da wird mir so bange, und es durchschauert mich!

Warum ließ ich das Band auch hängen so lang?
Oft fliegt's um die Saiten mit seufzendem Klang.
Ist es der Nachklang meiner Liebespein?
Soll es das Vorspiel neuer Lieder sein?

12. 휴지(休止)

나의 라우테를 벽에 걸고
초록빛 리본으로 묶어 두었네.
더 이상 노래 못하리, 마음이 너무도 벅차 올라,
어떻게 운율을 맞춰야 할지 모르겠네.

아주 격정적인 그리움의 고통도
재미난 노래로 읊조릴 수 있었고,
감미롭고 부드럽게 탄식할 때에도
내 괴로움이 결코 없지 않다 생각했는데,

아, 지금 내 행복의 무게가 얼마나 큰지,
지상의 어떤 소리로 그것을 담아내랴?
그러니 사랑스런 라우테여, 여기서 편히 쉬거라!
한줄기 바람이 너의 현 위로 불고
벌 한 마리가 날개로 너를 어루만지네,
그러면 나는 불안해져 온몸에 전율을 느끼네.

어찌나 그렇게 오랫동안 리본을 걸어놓았을까?
가끔 현 주위로 펄럭이며 탄식하는 소리 울리는데.
그것은 사랑이 주는 고통의 메아리인가?
새로운 노래의 전주곡인가?

13. Mit dem grünen Lautenbande

Schad um das schöne grüne Band,
daß es verbleicht hier an der Wand,
ich hab das Grün so gern!
So sprachst du, Liebchen, heut zu mir;
gleich knüpf ich's ab und send es dir:
Nun hab das Grüne gern!

Ist auch dein ganzer Liebster weiß,
soll Grün doch haben seinen Preis,
und ich auch hab es gern.
Weil unsre Lieb ist immer grün,
weil grün der Hoffnung Fernen blühn,
drum haben wir es gern!

Nun schlinge in die Locken dein
das grüne Band gefällig ein,
du hast ja's Grün so gern.
Dann weiß ich, wo die Hoffnung wohnt,
dann weiß ich, wo die Liebe thront,
dann hab ich's Grün erst gern!

13. 라우테의 초록 리본

저 예쁜 초록 리본 참 아깝네요,
여기 벽에 걸려 색이 바래고 있다니.
나는 초록색을 참 좋아해요!
사랑아, 너 오늘 내게 이렇게 말했지,
곧바로 그것을 풀어 너에게 주리라,
자, 이 초록 리본을 가지려므나!

너의 애인은 흰옷을 입었지만
초록은 그의 칭송 받아야 하리,
나도 초록색을 좋아한단다.
우리의 사랑 언제나 초록빛이고
먼 희망도 초록으로 피어나기에,
그래서 우리는 그 색을 좋아하지!

사랑스런 네 머리를
초록 리본으로 예쁘게 묶으렴.
너는 초록색을 참 좋아하잖니.
그러면 난 알리, 희망이 머무는 곳을,
그러면 난 알리, 사랑이 의연히 있는 곳을.
나는 그 초록색 보고 기뻐하리라!

14. Der Jäger

Was sucht denn der Jäger am Mühlbach hier?
Bleib, trotziger Jäger, in deinem Revier!
Hier gibt es kein Wild zu jagen für dich,
hier wohnt nur ein Rehlein, ein zahmes, für mich.
Und willst du das zärtliche Rehlein sehn,
so laß deine Büchsen im Walde stehn,
und laß deine kläffenden Hunde zu Haus,
und laß auf dem Horne den Saus und Braus,
und schere vom Kinne das struppige Haar,
sonst scheut sich im Garten das Rehlein fürwahr.

Doch besser, du bliebest im Walde dazu
und ließest die Mühlen und Müller in Ruh.
Was taugen die Fischlein im grünen Gezweig?
Was will denn das Eichhorn im bläulichen Teich?
Drum bleibe, du trotziger Jäger, im Hain,
und laß mich mit meinen drei Rädern allein;
und willst meinem Schätzchen dich machen beliebt,
so wisse, mein Freund, was ihr Herzchen betrübt:
Die Eber, die kommen zu Nacht aus dem Hain
und brechen in ihren Kohlgarten ein,
und treten und wühlen herum in dem Feld:
die Eber, die schieße, du Jägerheld!

14. 사냥꾼

물방앗간 개울에서 사냥꾼이 무엇을 찾는가?
네 영역에나 머물게, 거만한 사냥꾼아!
여기엔 자네가 사냥할 짐승은 없네,
사슴 한 마리, 사랑스런 내 사슴이 살고 있을 뿐.
그 귀여운 사슴을 보고 싶다면
엽총은 숲에 두고 오게,
짖어대는 사냥개들도 집에 두고,
시끄럽고 요란한 뿔나팔 소리도 멈추고,
더부룩한 턱수염도 잘라버리게.
아니면 정원의 사슴이 겁먹을 테니까.

더 좋은 건, 자네가 숲 속에 머물며
물방앗간과 주인을 조용히 놔두는 것.
초록 나뭇가지가 물고기에게 무슨 소용 있겠나?
파란 연못 속에서 다람쥐가 무얼 얻겠나?
그러니, 거만한 사냥꾼아, 숲에서 지내게.
물방아 바퀴 셋과 나를 성가시게 말게.
내 연인의 호감을 얻고자 한다면, 친구여.
무엇이 그녀의 마음 슬프게 하는지 알게.
밤이면 숲에서 나온 멧돼지들이
그녀의 배추밭으로 들어가,
밭을 온통 짓밟고 마구 뒤집고 있다네.
그 멧돼지들이나 쏘게, 그대 사냥꾼아!

15. Eifersucht und Stolz

Wohin so schnell, so kraus und wild, mein lieber Bach?
Eilst du voll Zorn dem frechen Bruder Jäger nach?
Kehr um, und schilt erst deine Müllerin
für ihren leichten, losen, kleinen Flattersinn.
kehr um!

Sahst du sie gestern Abend nicht am Tore stehn,
mit langem Halse nach der großen Straße sehn?
Wenn von dem Fang der Jäger lustig zieht nach Haus,
da steckt kein sittsam Kind den Kopf zum Fenster'n aus.

Geh, Bächlein, hin und sag ihr das; doch sag ihr nicht,
hörst du, kein Wort, von meinem traurigen Gesicht;
sag ihr: Er schnitzt bei mir sich eine Pfeif aus Rohr
und bläst den Kindern schöne Tänz und Lieder vor!

15. 질투와 자존심

냇물아, 그리도 급히 사납게 서두르며 어디로 가니?
너무 화가 나서 그 뻔뻔한 사냥꾼을 쫓아가니?
돌아오렴, 탓할 것은 물방앗간 아가씨의
경솔하고 헤프고 보잘것없는 변덕이지.
돌아오렴!

보지 못했니, 어젯밤 그녀가 문 앞에 서서
목을 빼고 큰 길 쪽을 바라보는 것을?
사냥꾼이 사냥 마치고 즐겁게 숲에서 돌아올 때,
정숙한 아가씨라면 창 밖으로 머리를 내밀지 않지.

가거라, 냇물아, 가서 그녀에게 말해라.
아니, 내 슬픈 얼굴에 대해서는 말하지 말고,
그녀에게 말해다오, 내가 갈대를 벗겨 풀피리 깎아,
불면서, 아이들과 아름답게 춤추고 노래하고 있더라고.

16. Die liebe Farbe

In Grün will ich mich kleiden,
in grüne Tränen weiden:
mein Schatz hat's Grün so gern.
Will suchen einen Zypressenhain,
eine Heide von grünen Rosmarein:
Mein Schatz hat's Grün so gern.

Wohl auf zum fröhlichen Jagen!
Wohl auf durch Heid und Hagen!
Mein Schatz hat's Jagen so gern,
Das Wild, das ich jage, das ist der Tod,
die Heide, die heiß ich die Liebesnot:
Mein Schatz hat's Jagen so gern.

Grabt mir ein Grab im Wasen,
deckt mich mit grünem Rasen!
Mein Schatz hat's Grün so gern.
Kein Kreuzlein schwarz, kein Blümlein bunt,
grün, alles grün so rings und rund!
Mein Schatz hat's Grün so gern.

16. 좋아하는 색

나 초록빛으로 옷 입겠어요,
초록빛 눈물의 버들 옷을.
내 님은 초록빛을 좋아하기에,
측백나무 숲을 찾아 갈래요,
초록 로즈마린이 핀 황야를 찾아 갈래요.
내 님은 초록빛을 좋아하기에.

자, 즐겁게 사냥을 나갑시다!
자, 황야와 숲을 가로질러서!
내 님이 사냥을 좋아하기에.
내가 사냥할 짐승, 그것은 죽음이며,
황야는 사랑의 고통이라 부르겠어요.
내 님이 사냥을 좋아하기에.

잔디에 무덤을 파고 나를 묻어요,
초록색 잔디로 나를 덮어요,
내 님이 초록빛을 좋아하기에.
검은 십자가도 화려한 꽃도 필요 없지요,
초록빛, 주위가 온통 초록빛이면!
내 님이 초록빛을 좋아하기에.

17. Die böse Farbe

Ich möchte ziehn in die Welt hinaus,
hinaus in die weite Welt;
wenn's nur so grün, so grün nicht wär
da draußen in Wald und Feld!

Ich möchte die grünen Blätter all
pflücken von jedem Zweig,
ich möchte die grünen Gräser all
weinen ganz totenbleich.

Ach Grün, du böse Farbe du,
was siehst mich immer an
so stolz, so keck, so schadenfroh,
mich armen, weißen Mann?

Ich möchte liegen vor ihrer Tür,
in Sturm und Regen und Schnee,
und singen ganz leise bei Tag und Nacht
das eine Wörtchen ade.

Horch, wenn im Wald ein Jagdhorn schallt,
da klingt ihr Fensterlein,
und schaut sie auch nach mir nicht aus,
darf ich doch schauen hinein.

17. 미운 색

나 세상으로 멀리 떠나려 하네,
아주 먼 세상으로.
저토록 푸르지만, 저기 숲과 들판이
초록빛이 아니라면!

나 모든 가지마다 초록 잎새
모두 뜯어버리고 싶네.
나 초록 풀들 위로 눈물을 쏟아
죽음처럼 창백하게 만들고 싶구나.

아 초록빛, 너 미운 색,
왜 언제나 나를 바라보나,
거만하고, 당돌하고, 고소해하는 눈빛으로,
이 가련한 흰옷의 사내를 왜 바라보나?

그녀의 집 앞에 눕고 싶구나,
비바람과 눈에도 아랑곳없이.
밤이고 낮이고 나직이 노래하겠네,
단 한마디의 노래, 안녕히!라고.

들어봐, 숲에서 사냥 나팔 소리 울리면
그녀의 작은 창이 열리는 소리를.
그녀는 나 있는 데를 바라보지 못하나
나는 방 안을 들여다 볼 수 있는데.

O binde von der Stirn dir ab
das grüne, grüne Band;
Ade, ade! und reiche mir
zum Abschied deine Hand!

오 그대의 이마에서 풀어요,
초록빛, 그 초록빛 리본을
안녕, 안녕히! 그리고 작별인사로
나에게 그대 손을 내밀어 주오!

18. Trockne Blumen

Ihr Blümlein alle,
die sie mir gab,
euch soll man legen
mit mir in's Grab.
Wie seht ihr alle mich an so weh,
als ob ihr wüßtet, wie mir gescheh?
Ihr Blümlein alle, wie welk, wie blaß?
Ihr Blümlein alle, wovon so naß?

Ach, Tränen machen nicht maiengrün,
machen tote Liebe nicht wieder blühn,
und Lenz wird kommen, und Winter wird gehn,
und Blümlein werden im Grase stehn,
und Blümlein liegen in meinem Grab,
die Blümlein alle, die sie mir gab.

Und wenn sie wandelt am Hügel vorbei
und denkt im Herzen: der meint' es treu!
Dann Blümlein alle heraus, heraus!
Der Mai ist kommen, der Winter ist aus.

18. 마른 꽃

그녀가 내게 준
꽃들아, 너희 모두
나와 함께 무덤 속에
놓여야 하리.
어찌 그리도 슬프게 너희 모두 나를 쳐다보나?
마치 내게 일어난 일을 다 알고 있는 것처럼.
꽃들아, 어찌하여 너희 모두 그렇게 시들고 창백한가?
꽃들아, 무엇으로 너희 모두 그렇게 젖어버렸는가?

아, 눈물도 오월 같은 푸르름 되찾을 수 없고,
이미 죽은 사랑을 다시 피우지 못하리.
하지만 봄은 오고 겨울은 흘러가겠지,
풀밭에는 꽃들이 피어나고,
내 무덤 속에는 꽃들이 놓여 있겠지.
그녀가 내게 준 모든 꽃들이.

그리고 그녀가 그 언덕 옆을 지나다가
내가 진실했음을 마음속으로 생각할 때면,
꽃들아, 모두들 밖으로 나오너라, 나오너라!
오월이 왔다, 겨울은 끝났다.

19. Der Müller und der Bach

Wo ein treues Herze in Liebe vergeht,
da welken die Lilien auf jedem Beet;
da muß in die Wolken der Vollmond gehn,
damit seine Tränen die Menschen nicht sehn;
Da halten die Engelein die Augen sich zu
und schluchzen und singen die Seele zur Ruh!

Und wenn sich die Liebe dem Schmerz entringt,
ein Sternlein, ein neues, am Himmel erblinkt,
da springen drei Rosen, halb rot und halb weiß,
die welken nicht wieder, aus Dornenreis.
und die Engelein schneiden die Flügel sich ab,
und gehn alle Morgen zur Erde herab.

Ach Bächlein, liebes Bächlein, du meinst es so gut:
Ach Bächlein, aber weißt du, wie Liebe tut?
Ach unten, da unten die kühle Ruh!
Ach Bächlein, liebes Bächlein, so singe nur zu.

19. 물방앗간 청년과 시냇물

진실한 마음이 사랑으로 쇠잔해지는 곳에서,
꽃밭에 핀 백합들도 모두 시들어 가네.
그 때는 보름달도 구름 속으로 숨어버리지,
사람들이 그의 눈물 보지 못하도록.
그 때는 천사들도 눈을 감고,
흐느끼며 노래해 주네, 영혼이 안식하도록!

하지만 사랑이 고통에서 벗어나게 되면,
작은 별 하나, 새 별 하나 하늘에서 빛날 거야.
그 때는 붉고 흰 장미 세 송이
가시줄기에서 피어나고, 다시는 시들지 않을 거야.
그러면 천사들도 날개를 접고
아침마다 지상으로 내려올 거야.

아, 냇물아, 다정한 냇물아, 네 생각이 그토록 훌륭하다니.
아, 냇물아, 하지만 네가 알까, 사랑이 어떤 것인지?
아, 저기, 저 밑에는 시원한 안식이 있겠지!
아, 냇물아, 다정한 냇물아, 그렇게 계속 노래 불러다오.

20. Des Baches Wiegenlied

Gute Ruh, gute Ruh! Tu die Augen zu!
Wandrer, du müder, du bist zu Haus.
Die Treu ist hier, sollst liegen bei mir,
bis das Meer will trinken die Bächlein aus.

Will betten dich kühl auf weichem Pfühl
in dem blauen, kristallenen Kämmerlein
Heran, heran, was wiegen kann!
Woget und wieget den Knaben mir ein.

Wenn ein Jagdhorn schallt aus dem grünen Wald,
will ich sausen und brausen wohl um dich her.
Blickt nicht herein, blaue Blümelein!
Ihr macht meinem Schläfer die Träume so schwer.

Hinweg, hinweg, von dem Mühlensteg!
Hinweg, hinweg, böses Mägdlein,
daß ihn dein Schatten, dein Schatten nicht weckt.
Wirf mir herein dein Tüchlein fein,
daß ich die Augen ihm halte bedeckt.

Gute Nacht, gute Nach! bis alles wacht,
schlaf aus deine Freude, schlaf aus dein Leid!
Der Vollmond steigt, der Nebel weicht,
und der Himmel da oben, wie ist er so weit.

20. 시냇물의 자장가

편히 쉬어라, 편히 쉬어라! 눈을 감아라!
피곤한 너, 방랑자여, 이제 집에 왔네.
이곳엔 진실 있으니, 너 내 곁에 누워야 하리,
바다가 모든 시냇물을 마실 때까지.

너를 시원하게 재워주리라, 파란 수정빛 방에
부드러운 잠자리 위에.
이리로, 이리로, 흔들거리는 물결들아!
나의 젊은이를 흔들어 재워다오.

푸른 숲에서 사냥 나팔소리 울리면,
나도 너를 소리로 감싸 보살펴 주리.
들여다보지 마라, 파란 꽃들아!
너희는 내 품에 잠든 이의 꿈을 곤하게 하네.

사라져, 사라져요, 방앗간 오솔길에서!
사라져, 사라져요, 심술궂은 아가씨,
그대 그림자가 그를 깨우면 안 돼요!
그대의 고운 목도리를 나에게 던져요,
그의 두 눈을 가려주게요!

잘 자라, 잘 자라, 모든 것이 깨어날 때까지,
네 기쁨과 괴로움 모두 잊고 잠들어라!
보름달이 떠오르고, 안개는 엷은데,
저 위 하늘은 멀기도 하구나.

4

프란츠 슈베르트 (1827) 曲

Op.89 Nr.1~24.

겨울나그네

빌헬름 뮐러 詩

—

밤 인사 Gute Nacht

풍향계 Die Wetterfahne

얼어붙은 눈물 Gefrorene Tränen

동결 Erstarrung

보리수 Der Lindenbaum

넘쳐 흐르는 눈물 Wasserflut

물가에서 Auf dem Flusse

회상 Rückblick

도깨비불 Irrlicht

휴식 Rast

봄의 꿈 Frühlingstraum

고독 Einsamkeit

우편마차 Die Post

백발 Der greise Kopf

까마귀 Die Krähe

마지막 희망 Letzte Hoffnung

마을에서 Im Dorfe

폭풍의 아침 Der stürmische Morgen

환상 Täuschung

이정표 Der Wegweiser

여인숙 Das Wirtshaus

용기 Mut!

환상의 태양 Die Nebensonnen

거리의 악사 Der Leiermann

1. Gute Nacht

Fremd bin ich eingezogen,
Fremd zieh' ich wieder aus.
Der Mai war mir gewogen
Mit manchem Blumenstrauß.
Das Mädchen sprach von Liebe,
Die Mutter gar von Eh', -
Nun ist die Welt so trübe,
Der Weg gehüllt in Schnee.

Ich kann zu meiner Reisen
Nicht wählen mit der Zeit,
Muß selbst den Weg mir weisen
In dieser Dunkelheit.
Es zieht ein Mondenschatten
Als mein Gefährte mit,
Und auf den weißen Matten
Such' ich des Wildes Tritt.

Was soll ich länger weilen,
Daß man mich trieb hinaus?
Laß irre Hunde heulen
Vor ihres Herren Haus;
Die Liebe liebt das Wandern -
Gott hat sie so gemacht -
Von einem zu dem andern.
Fein Liebchen, gute Nacht!

1. 밤 인사

낯선 이로 찾아 왔다가
낯선 이로 다시 떠나네.
오월은 많은 꽃다발로
나를 반겨주었지.
소녀는 사랑에 대해 말하고,
그 어머니는 결혼까지 얘기했는데,
지금은 온 세상이 우울하고,
길은 눈에 덮여 있네.

길 떠나야 할 시간을
내가 선택할 수는 없네.
나 스스로 이 어둠 속에서
갈 길을 찾아야 하네.
달 그림자만 홀로
나의 친구 되어 따르고,
하얀 풀밭 위에서
나는 짐승의 발자국을 찾네.

더 오래 여기 머물렀다가
쫓겨날 이유가 있을까?
주인집 앞에서 법석대는
개들아 실컷 짖으려므나
사랑은 방랑을 좋아하니,
그것은 하나님의 뜻이지.
한 곳에서 다른 곳으로
어여쁜 내 사랑, 잘 자오!

Will dich im Traum nicht stören,
Wär' schad' um deine Ruh',
Sollst meinen Tritt nicht hören -
Sacht, sacht, die Türe zu!
Schreib' im Vorübergehen
Ans Tor dir: Gute Nacht,
Damit du mögest sehen,
An dich hab' ich gedacht.

꿈꾸는 그대를 방해하지 않겠소.
평온함을 깨트리지는 않았으면.
내 발소리 들리지 않게 -
조용히, 조용히, 문을 닫아요!
지나가며 그대의 문에
써놓으리다, '잘 자요'라고.
그러면 그대도 알겠지요
내가 그대를 생각했음을.

2. Die Wetterfahne

Der Wind spielt mit der Wetterfahne
Auf meines schönen Liebchens Haus.
Da dacht ich schon in meinem Wahne,
Sie pfiff den armen Flüchtling aus.

Er hätt' es eher bemerken sollen,
Des Hauses aufgestecktes Schild,
So hätt' er nimmer suchen wollen
Im Haus ein treues Frauenbild.

Der Wind spielt drinnen mit den Herzen
Wie auf dem Dach, nur nicht so laut.
Was fragen sie nach meinen Schmerzen?
Ihr Kind ist eine reiche Braut.

2. 풍향계

바람이 풍향계에 솔솔 부네,
어여쁜 내 사랑의 집 위에서.
망상에 빠져서 나는 생각했지,
가련한 도망자를 야유하는 소리라고.

그는 진작 알았어야 했으리,
저 집에 꽂혀 있는 표지를.
그랬다면 그 집에서 진실한 여인을
찾으려 하지도 않았을 텐데.

바람은 마음속에서 불고 있네,
지붕 위에서처럼, 소리만 없을 뿐.
어찌 그들은 내 고통에 대해 묻나?
그들의 자식은 화려한 신부가 되었는데.

3. Gefrorene Tränen

Gefrorne Tropfen fallen
Von meinen Wagen ab:
Ob es mir denn entgangen,
Daß ich geweinet hab?

Ei Tränen, meine Tränen,
Und seid ihr gar so lau,
Daß ihr erstarrt zu Eise,
Wie kühler Morgentau?

Und dringt doch aus der Quelle
Der Brust so glühend heiß,
Als wolltet ihr zerschmelzen
Des ganzen Winters Eis!

3. 얼어붙은 눈물

얼어붙은 눈물방울
뺨을 타고 흐르네.
이렇게 울었던 것을
나 도대체 알지 못했던가?

아 눈물, 나의 눈물아,
그리도 온화하기에
차가운 아침 이슬처럼
얼음으로 굳어버렸나?

하지만 가슴샘에서
계속 뜨겁게 솟는구나,
한겨울의 얼음을
모두 녹여버릴 것처럼

4. Erstarrung

Ich such' im Schnee vergebens
Nach ihrer Tritte Spur,
Wo sie an meinem Arme
Durchstrich die grüne Flur.

Ich will den Boden küssen,
Durchdringen Eis und Schnee
Mit meinen heißen Tränen,
Bis ich die Erde seh'.

Wo find' ich eine Blüte,
Wo find' ich grünes Gras?
Die Blumen sind erstorben,
Der Rasen sieht so blaß.

Soll denn kein Angedenken
Ich nehmen mit von hier?
Wenn meine Schmerzen schweigen,
Wer sagt mir dann von ihr?

Mein Herz ist wie erstorben,
Kalt starrt ihr Bild darin;
Schmilzt je das Herz mir wieder,
Fließt auch ihr Bild dahin!

4. 동결

눈 속에서 나 헛되이 찾았네
그녀 발자국의 흔적을.
그녀가 내 팔에 안겨
거닐던 푸른 풀밭에서.

나 땅바닥에 입맞추며,
뜨거운 내 눈물로
얼음과 눈을 녹여 뚫으리,
흙이 보일 때까지.

어디서 꽃을 볼까,
어디서 푸른 풀을 볼까?
꽃들은 이미 죽었고
풀밭은 저렇게 창백하게 보이는데.

도대체 이곳에서는
그 어떤 기억도 할 수 없단 말인가?
나의 고통이 잠잠해지면
누가 그녀에 대해 말해줄까?

내 마음은 죽은 것과 다름없고,
마음속의 그녀 모습 차갑게 얼어붙었네.
내 마음이 다시 녹아내릴 때,
그녀의 모습도 흘러가 버리겠지.

5. Der Lindenbaum

Am Brunnen vor dem Tore
Da steht ein Lindenbaum;
Ich träumt' in seinem Schatten
So manchen süßen Traum.
Ich schnitt in seine Rinde
So manches liebe Wort;
Es zog in Freud' und Leide
Zu ihm mich immer fort.

Ich mußt' auch heute wandern
Vorbei in tiefer Nacht,
Da hab' ich noch im Dunkeln
Die Augen zugemacht.
Und seine Zweige rauschten,
Als riefen sie mir zu:
Komm her zu mir, Geselle,
Hier find'st du deine Ruh'!

Die kalten Winde bliesen
Mir grad ins Angesicht;
Der Hut flog mir vom Kopfe,
Ich wendete mich nicht.
Nun bin ich manche Stunde
Entfernt von jenem Ort,
Und immer hör' ich's rauschen:
Du fändest Ruhe dort!

5. 보리수

성문 앞 우물가에
보리수 한 그루 서 있네.
나 그 나무 그늘에서
수많은 단꿈을 꾸었네.
나는 껍질에 새겼지
수많은 사랑의 말들을.
기쁠 때나 슬플 때나
그 말들이 나를 그리 이끌었네.

나 오늘도 그 나무 곁을
지나쳐야 했네, 이 깊은 밤에.
어둠 속에서 나는
두 눈을 꼭 감았네.
나뭇가지들은 속삭였네,
마치 나를 부르는 듯이.
내게로 오라 친구여,
여기서 그대 안식을 찾으리!

차가운 바람이 불어와
내 얼굴을 세차게 스치네,
모자가 날아갔지만
나 돌아보지 않았네.
이제 나 그곳에서 멀어진 지
많은 시간 지났지만,
그 속삭임은 계속 들리네,
그대 여기서 안식을 찾으라고!

6. Wasserflut

Manche Trän' aus meinen Augen
Ist gefallen in den Schnee;
Seine kalten Flocken saugen
Durstig ein das heiße Weh.

Wenn die Gräser sprossen wollen,
Weht daher ein lauer Wind,
Und das Eis zerspringt in Schollen,
Und der weiche Schnee zerrinnt.

Schnee, du weißt von meinem Sehnen:
Sag', wohin doch geht dein Lauf?
Folge nach nur meinen Tränen,
Nimmt dich bald das Bächlein auf.

Wirst mit ihm die Stadt durchziehen,
Munt're Straßen ein und aus;
Fühlst du meine Tränen glühen,
Da ist meiner Liebsten Haus.

6. 넘쳐흐르는 눈물

내 눈에서 쏟아진 눈물
눈 위에 떨어졌네
차가운 눈송이는 목마른 듯
그 뜨거운 아픔을 마셔버리네.

풀밭에 싹이 움틀 때면
온화한 바람이 불어오고,
얼음은 조각나 흩어지고
부드러운 눈도 녹아 흐르지.

눈아, 너는 나의 그리움 알지,
말해다오, 너 어디로 가는지?
내 흘린 눈물만 따라가면
냇물이 곧 너를 맞아주리라.

냇물과 함께 도시를 가로질러,
활기차게 거리를 이리저리 지나다가
내 눈물이 달아오름을 그대 느끼면,
거기가 내 사랑의 집이리.

7. Auf dem Flusse

Der du so lustig rauschtest,
Du heller, wilder Fluß,
Wie still bist du geworden,
Gibst keinen Scheidegruß.

Mit harter, starrer Rinde
Hast du dich überdeckt,
Liegst kalt und unbeweglich
Im Sande ausgestreckt.

In deine Decke grab' ich
Mit einem spitzen Stein
Den Namen meiner Liebsten
Und Stund' und Tag hinein:

Den Tag des ersten Grußes,
Den Tag, an dem ich ging;
Um Nam' und Zahlen windet
Sich ein zerbroch'ner Ring.

Mein Herz, in diesem Bache
Erkennst du nun dein Bild?
Ob's unter seiner Rinde
Wohl auch so reißend schwillt?

7. 물가에서

그리도 즐겁게 흐르던
너, 맑고 힘찬 냇물아,
어찌 그렇게 조용해졌나,
작별의 인사도 없구나.

단단하고 딱딱한
나무껍질을 덮어쓴 채,
너 차갑게 꼼짝도 않고
모래에 누워있구나.

나 뾰족한 돌로
네 껍질에 새겨 넣으리,
내 사랑의 이름을,
그리고 시간과 날들을.

처음 인사했던 날,
내가 떠났던 날.
이름과 숫자 주위는
부서진 고리로 에워싸리라.

내 마음아, 이 냇물에서
이제 너 네 모습 알아보겠지?
그 나무껍질 밑에서는
세찬 물살이 흐르지 않니?

8. Rückblick

Es brennt mir unter beiden Sohlen,
Tret' ich auch schon auf Eis und Schnee,
Ich möcht' nicht wieder Atem holen,
Bis ich nicht mehr die Türme seh'.

Hab' mich an jedem Stein gestoßen,
So eilt' ich zu der Stadt hinaus;
Die Krähen warfen Bäll' und Schloßen
Auf meinen Hut von jedem Haus.

Wie anders hast du mich empfangen,
Du Stadt der Unbeständigkeit!
An deinen blanken Fenstern sangen
Die Lerch' und Nachtigall im Streit.

Die runden Lindenbäume blühten,
Die klaren Rinnen rauschten hell,
Und ach, zwei Mädchenaugen glühten. -
Da war's gescheh'n um dich, Gesell!

Kommt mir der Tag in die Gedanken,
Möcht' ich noch einmal rückwärts seh'n,
Möcht' ich zurücke wieder wanken,
Vor ihrem Hause stille steh'n.

8. 회상

내 발 밑이 불타는 듯하네,
얼음과 눈을 밟고 있는 데도.
시내의 탑들이 보이지 않을 때까지,
나 다시 숨을 돌리지 않으리라.

발부리에 돌을 채이며
그렇게 서둘러 그 도시를 떠났네.
까마귀들은 이집 저집 지붕에서
눈뭉치와 싸락눈을 내 모자로 던졌네.

그렇게 달리 나를 맞이하다니,
너 변덕스런 도시여!
빛나는 네 창가마다
종달새와 꾀꼬리가 다투어 노래했는데.

둥그런 보리수에는 꽃이 피고
맑은 냇물들은 밝게 속삭이고,
아, 소녀의 두 눈이 타올랐었지. -
친구여, 그것은 다만 지난 일일 뿐!

그 날이 내게 생각나면,
다시 한 번 돌이켜 보고 싶구나.
비틀거리며 되돌아가서
그녀의 집 앞에 조용히 서 있고 싶어라.

9. Irrlicht

In die tiefsten Felsengründe
Lockte mich ein Irrlicht hin:
Wie ich einen Ausgang finde,
Liegt nicht schwer mir in dem Sinn.

Bin gewohnt das Irregehen,
's führt ja jeder Weg zum Ziel:
Uns're Freuden, uns're Wehen,
Alles eines Irrlichts Spiel!

Durch des Bergstroms trock'ne Rinnen
Wind' ich ruhig mich hinab,
Jeder Strom wird's Meer gewinnen,
Jedes Leiden auch sein Grab.

9. 도깨비불

깊은 바위 골짜기로
도깨비불이 나를 유인했네
빠져나갈 길 찾기는
나 그리 어렵지 않으리.

헤매는 것에는 이미 익숙하니,
어디로 가든 결국 목적지에 이르리.
우리의 기쁨, 우리의 슬픔,
모두가 도깨비불 장난 같은 것!

말라붙은 계곡을 더듬으며
나는 태연하게 내려갔네.
모든 강이 흘러 바다로 가듯이,
모든 고통도 무덤에 닿으리라.

10. Rast

Nun merk' ich erst, wie müd' ich bin,
Da ich zur Ruh' mich lege;
Das Wandern hielt mich munter hin
Auf unwirtbarem Wege.
Die Füße frugen nicht nach Rast,
Es war zu kalt zum Stehen;
Der Rücken fühlte keine Last.
Der Sturm half fort mich wehen.

In eines Köhlers engem Haus
Hab' Obdach ich gefunden;
Doch meine Glieder ruh'n nicht aus:
So brennen ihre Wunden.
Auch du, mein Herz, in Kampf und Sturm
So wild und so verwegen,
Fühlst in der Still' erst deinen Wurm
Mit heißem Stich sich regen!

10. 휴식

나 쉬려고 누워 보니,
얼마나 피곤한지 이제야 알겠네,
걸을 땐 나 즐거웠네,
아무리 험한 길이라도.
멈추면 너무도 추웠기에
다리는 쉬어가자 청하지도 못했네.
폭풍이 계속 등을 밀어 주었기에
힘들지 않게 앞으로 나갔네.

숯쟁이의 좁은 집에서
나 쉴 곳을 찾았네.
하지만 사지는 편하지 않았네,
온 몸의 상처가 쑤셔대었네.
나의 마음아, 투쟁과 폭풍 속에서
너 그토록 거칠고 대담하더니,
정적 속에서 비로소 느끼는구나,
사납게 찔러대며 움직이는 고뇌를!

11. Frühlingstraum

Ich träumte von bunten Blumen,
So wie sie wohl blühen im Mai;
Ich träumte von grünen Wiesen,
Von lustigem Vogelgeschrei.

Und als die Hähne krähten,
Da ward mein Auge wach;
Da war es kalt und finster,
Es schrien die Raben vom Dach.

Doch an den Fensterscheiben,
Wer malte die Blätter da?
Ihr lacht wohl über den Träumer,
Der Blumen im Winter sah?

Ich träumte von Lieb' um Liebe,
Von einer schönen Maid,
Von Herzen und von Küssen,
Von Wonne und Seligkeit.

Und als die Hähne krähten,
Da ward mein Herze wach;
Nun sitz ich hier alleine
Und denke dem Traume nach.

11. 봄의 꿈

화사한 꽃들을 나 꿈꾸었네,
오월에 피는 꽃들을.
푸르른 풀밭을 나 꿈꾸었네,
즐거운 새들의 노래도.

닭의 홰치는 소리에
나의 눈은 깨어났고,
사방은 춥고 캄캄한데
지붕에서 까마귀 울음소리.

그런데 저 유리창에
누가 잎새를 그려놓았나?
너희는 한겨울에 꽃을 본
이 몽상가를 비웃고 있나?

나 사랑을 꿈꾸었네,
아름다운 아가씨를,
서로의 마음과 입맞춤을,
환희와 행복을 꿈꾸었네.

닭의 홰치는 소리에
내 마음은 깨어났고,
이제 나 홀로 여기 앉아
그 꿈을 생각하네.

Die Augen schließ' ich wieder,
Noch schlägt das Herz so warm.
Wann grünt ihr Blätter am Fenster?
Wann halt' ich mein Liebchen im Arm?

나 두 눈을 다시 감으니,
가슴은 따스하게 두근거리네.
창문의 잎새들은 언제나 푸르러질까?
나 언제나 내 사랑을 품에 안을까?

12. Einsamkeit

Wie eine trübe Wolke
Durch heit're Lüfte geht,
Wenn in der Tanne Wipfel
Ein mattes Lüftchen weht:

So zieh ich meine Straße
Dahin mit trägem Fuß,
Durch helles, frohes Leben,
Eisam und ohne Gruß.

Ach, daß die Luft so ruhig!
Ach, daß die Welt so licht!
Als noch die Stürme tobten,
War ich so elend nicht.

12. 고독

전나무 꼭대기에
엷은 바람이 불 때,
음산한 구름 하나가
맑은 하늘을 지나가듯이,

그렇게 나의 길을 가고 있네,
무거운 발걸음으로
밝고 즐거운 세상을 지나,
아는 이도 없이 외로이.

아, 바람은 참 잔잔하구나!
아, 세상은 참 밝기도 해라!
거센 비바람이 몰아칠 때도
나 이렇게 가련하진 않았는데.

13. Die Post

Von der Straße her ein Posthorn klingt.
Was hat es, daß es so hoch aufspringt,
Mein Herz?
Die Post bringt keinen Brief für dich.
Was drängst du denn so wunderlich,
Mein Herz?

Nun ja, die Post kommt aus der Stadt,
Wo ich ein liebes Liebchen hatt',
Mein Herz!

Willst wohl einmal hinüberseh'n,
Und fragen, wie es dort mag geh'n,
Mein Herz?

13. 우편마차

길에서 우편마차 나팔 울려오는데
왜 너는 이토록 두근거리고 있나?
내 마음아.
너를 위한 편지 전해줄 리 없는데,
왜 너는 이상하게 설레고 있나?
내 마음아.

그래, 저 우편마차 시내에서 오는 거야,
내가 사랑했던 님 있던 곳에서!
내 마음아.

너도 가서 한 번 건너다보고
그곳이 어떤지 묻고 싶은 거지?
내 마음아.

14. Der greise Kopf

Der Reif hatt' einen weißen Schein
Mir übers Haar gestreuet;
Da glaubt' ich schon ein Greis zu sein
Und hab' mich sehr gefreuet.

Doch bald ist er hinweggetaut,
Hab' wieder schwarze Haare,
Daß mir's vor meiner Jugend graut -
Wie weit noch bis zur Bahre!

Vom Abendrot zum Morgenlicht
Ward mancher Kopf zum Greise.
Wer glaubt's? und meiner ward es nicht
Auf dieser ganzen Reise!

14. 백발

서리가 머리로 내려
흰빛을 뿌려놓았네.
어느새 백발이 된 줄 알고
나 몹시 기뻐했는데.

그러나 그 서리 곧 녹아버리자,
내 머리 다시 검게 되었네.
나 젊음에 소름끼쳤네 -
관에 들어갈 날 아직 멀구나!

황혼녘에서 동틀 때까지
백발이 되는 사람도 많다는데.
누가 믿을까? 이 긴 여행중에도
나 늙질 않으니!

15. Die Krähe

Eine Krähe war mit mir
Aus der Stadt gezogen,
Ist bis heute für und für
Um mein Haupt geflogen.

Krähe, wunderliches Tier,
Willst mich nicht verlassen?
Meinst wohl, bald als Beute hier
Meinen Leib zu fassen?

Nun, es wird nicht weit mehr geh'n
An dem Wanderstabe.
Krähe, laß mich endlich seh'n
Treue bis zum Grabe!

15. 까마귀

까마귀 한 마리 나와 더불어
도시에서 나왔는데,
오늘까지 끊임없이
내 머리 위에서 날고 있네.

까마귀야, 이상한 새야,
나를 떠나지 않으려나?
머지않아 나의 몸을
먹이로 가져가려고 그러니?

그래, 얼마 남지 않은 길이네,
방랑의 지팡이를 짚고 가는 길이.
까마귀야, 무덤에 이를 때까지
너의 성실을 보여다오.

16. Letzte Hoffnung

Hie und da ist an den Bäumen
Manches bunte Blatt zu seh'n,
Und ich bleibe vor den Bäumen
Oftmals in Gedanken steh'n.

Schaue nach dem einen Blatte,
Hänge meine Hoffnung dran;
Spielt der Wind mit meinem Blatte,
Zitt'r' ich, was ich zittern kann.

Ach, und fällt das Blatt zu Boden,
Fällt mit ihm die Hoffnung ab;
Fall' ich selber mit zu Boden,
Wein' auf meiner Hoffnung Grab.

16. 마지막 희망

여기저기 나무들마다
물든 잎새들 많이 보이고,
나는 종종 생각에 잠겨서
나무들 앞에 서 있네.

잎새 하나를 바라보며
거기에 내 희망을 걸어보네.
바람이 나의 잎새를 건드리면
말할 수 없이 내 가슴 떨리네.

아, 결국 그 잎새 땅에 떨어지고,
내 희망도 함께 떨어지고,
나도 땅에 쓰러져 흐느끼네,
내 희망의 무덤 위에서.

17. Im Dorfe

Es bellen die Hunde, es rasseln die Ketten;
Es schlafen die Menschen in ihren Betten,
Träumen sich manches, was sie nicht haben,
Tun sich im Guten und Argen erlaben;

Und morgen früh ist alles zerflossen.
Je nun, sie haben ihr Teil genossen
Und hoffen, was sie noch übrig ließen,
Doch wieder zu finden auf ihren Kissen.

Bellt mich nur fort, ihr wachen Hunde,
Laßt mich nicht ruh'n in der Schlummerstunde!
Ich bin zu Ende mit allen Träumen.
Was will ich unter den Schläfern säumen?

17. 마을에서

개들이 짖네, 사슬이 찰랑거리네.
침대에서 자는 사람들은
그들이 갖지 못한 많은 것들을 꿈꾸면서,
좋은 일 나쁜 일에서 원기를 얻으나

내일 아침이면 모든 것은 사라져버리리.
그러면, 자기 몫을 즐긴 사람들은
갖지 못한 것을
베개에서 다시 찾기를 바라네.

나를 향해 계속 짖어라, 깨어 있는 개들아,
잠잘 시간에도 나를 쉬게 하지 말아라!
나에겐 더 이상 꿀 꿈이 없으니
자는 이들 사이에서 왜 서성거리랴?

18. Der stürmische Morgen

Wie hat der Sturm zerrissen
Des Himmels graues Kleid!
Die Wolkenfetzen flattern
Umher im matten Streit.

Und rote Feuerflammen
Zieh'n zwischen ihnen hin;
Das nenn' ich einen Morgen
So recht nach meinem Sinn!

Mein Herz sieht an dem Himmel
Gemalt sein eig'nes Bild -
Es ist nichts als der Winter,
Der Winter, kalt und wild!

18. 폭풍의 아침

하늘의 잿빛 옷을
갈갈이 찢는 저 폭풍!
구름 조각들은 힘없이 씨름하다
주위로 흩어지네.

그리고 붉은 불꽃들이
구름 사이로 번쩍이네.
내 마음에 따라 나
이것을 아침이라 부르리!

내 마음은 하늘에 그려진
자신의 모습을 보는데 -
그것은 바로 겨울이네,
춥고 사나운 겨울!

19. Täuschung

Ein Licht tanzt freundlich vor mir her,
Ich folg' ihm nach die Kreuz und Quer;
Ich folg' ihm gern und seh's ihm an,
Daß es verlockt den Wandersmann.

Ach! wer wie ich so elend ist,
Gibt gern sich hin der bunten List,
Die hinter Eis und Nacht und Graus
Ihm weist ein helles, warmes Haus.

Und eine liebe Seele drin. -
Nur Täuschung ist für mich Gewinn!

19. 환상

한줄기 빛 내 앞에서 정답게 춤추니,
나는 이리저리 그 빛을 따라가네.
나 즐겁게 따르면서 그 빛을 보네,
방랑자를 유혹하는 그 빛을.

아! 나처럼 비참한 사람은 기꺼이
현란한 기만에 자신을 맡긴다네.
얼음과 밤, 공포 너머에 있는
밝고 따뜻한 집을 보여주고,

그 안에 사랑스런 여인도 보여주는 -
환상만이 내가 가질 수 있네!

20. Der Wegweiser

Was vermeid' ich denn die Wege,
Wo die ander'n Wand'rer gehn,
Suche mir versteckte Stege
Durch verschneite Felsenhöh'n?

Habe ja doch nichts begangen,
Daß ich Menschen sollte scheu'n, -
Welch ein törichtes Verlangen
Treibt mich in die Wüstenei'n ?

Weiser stehen auf den Straßen,
Weisen auf die Städte zu,
Und ich wand're sonder Maßen,
Ohne Ruh' und suche Ruh'.

Einen Weiser seh' ich stehen
Unverrückt vor meinem Blick;
Eine Straße muß ich gehen,
Die noch keiner ging zurück.

20. 이정표

다른 방랑자들 다니는 길을
왜 나는 피해서 가는지,
눈이 쌓인 험한 바위 언덕에서
숨겨진 오솔길을 찾고 있나?

사람들을 꺼려야 할 일
나 저지른 적 없건만 -
어리석은 욕구에 이끌려
나 황무지로 가는 것일까?

길가에 선 이정표는
도시로 가는 방향 가리키는데,
나는 한없이 쉬지 않고,
안식을 찾아 걷고 있네.

아 이정표 하나 굳건히
앞에 놓여있음을 보니,
내가 가야 할 길은
아무도 돌아온 적 없는 길이네.

21. Das Wirtshaus

Auf einen Totenacker hat mich mein Weg gebracht;
Allhier will ich einkehren, hab' ich bei mir gedacht.
Ihr grünen Totenkränze könnt wohl die Zeichen sein,
Die müde Wand'rer laden ins kühle Wirtshaus ein.

Sind denn in diesem Hause die Kammern all' besetzt?
Bin matt zum Niedersinken, bin tödlich schwer verletzt.
O unbarmherz'ge Schenke, doch weisest du mich ab?
Nun weiter denn, nur weiter, mein treuer Wanderstab!

21. 여인숙

길을 따라 가다보니 나 묘지에 다다랐네.
바로 여기서 하룻밤 묵고 가리라 생각했네.
푸르른 장례 화환 너희가 아마도 표지겠지.
피곤한 나그네들을 시원한 여인숙으로 맞이하네.

그런데 이 집에는 방들이 모두 찼다고?
나는 지쳐 쓰러질 것 같고, 죽도록 심하게 다쳤는데.
오 무정한 여인숙, 나를 거절한단 말인가?
그렇다면 가자, 계속 가자꾸나, 충실한 나의 지팡이여!

22. Mut

Fliegt der Schnee mir ins Gesicht,
Schüttl' ich ihn herunter.
Wenn mein Herz im Busen spricht,
Sing' ich hell und munter.

Höre nicht, was es mir sagt,
Habe keine Ohren;
Fühle nicht, was es mir klagt,
Klagen ist für Toren.

Lustig in die Welt hinein
Gegen Wind und Wetter!
Will kein Gott auf Erden sein,
Sind wir selber Götter.

22. 용기

눈송이가 얼굴로 날리면
나 툭툭 털어 버리네.
내 마음이 말을 걸면
밝고 즐겁게 노래하리라.

마음이 하는 말 듣지 않겠네,
나 관심 두지 않으리.
마음의 탄식 느끼지 않겠네,
탄식은 바보나 하는 짓.

즐겁게 세상 속으로 들어가리라,
바람과 날씨에 맞서면서!
만일 지상에 신이 없다면
우리들 자신이 신이라네!

23. Die Nebensonnen

Drei Sonnen sah ich am Himmel steh'n,
Hab' lang und fest sie angeseh'n;
Und sie auch standen da so stier,
Als wollten sie nicht weg von mir.

Ach, meine Sonnen seid ihr nicht!
Schaut ander'n doch ins Angesicht!
Ja, neulich hatt' ich auch wohl drei:
Nun sind hinab die besten zwei.

Ging nur die dritt' erst hinterdrein!
Im Dunkeln wird mir wohler sein.

23. 환상의 태양

하늘에 뜬 세 개의 태양을 보았네,
한참 동안 뚫어지게 바라보았네.
그들도 움직이지 않고 있었네,
마치 나를 떠나지 않으려는 듯이.

아, 너희는 나의 태양이 아니야!
다른 사람들의 얼굴을 바라보렴!
그래, 얼마 전 내게도 태양이 셋 있었지.
그 중 멋진 둘은 이제 져버렸다네.

세 번째 태양도 따라 지면 좋으리!
차라리 어둠 속에서 더 편안할 텐데.

24. Der Leiermann

Drüben hinterm Dorfe steht ein Leiermann
Und mit starren Fingern dreht er, was er kann.
Barfuß auf dem Eise wankt er hin und her
Und sein kleiner Teller bleibt ihm immer leer.

Keiner mag ihn hören, keiner sieht ihn an,
Und die Hunde knurren um den alten Mann.
Und er läßt es gehen alles, wie es will,
Dreht, und seine Leier steht ihm nimmer still.

Wunderlicher Alter, soll ich mit dir geh'n?
Willst zu meinen Liedern deine Leier dreh'n?

24. 거리의 악사

마을 뒤 저편에 거리의 악사 서 있네,
굳은 손가락으로 온 정성 다해 연주하네.
얼음 바닥에 맨발로 이리저리 비틀거려도,
그의 작은 접시는 항상 비어 있네.

아무도 그를 들으려 하지 않고, 아무도 그를 쳐다보지 않네,
개들만 그 노인을 맴돌며 으르렁거리고 있네.
어떻게 해도 그는 상관하지 않고
연주만 하네, 그의 악기는 결코 멈추지 않네.

이상한 노인이여, 나 그대와 함께 가리까?
나의 노래에 맞춰 그대의 현을 켜 주시겠소?

5

프란츠 슈베르트 (1828) 曲

백조의 노래

1–7: 루트비히 렐스탑 詩(1–7)

8–13: 하인리히 하이네 詩(8–13)

14: 요한 가브리엘 자이들 詩(14)

—

사랑의 전령 Liebesbotschaft

병사의 예감 Kriegers Ahnung

봄의 동경 Frühlingssehnsucht

세레나데 Ständchen

거주지 Aufenthalt

먼 곳에서 In der Ferne

이별 Abschied

아틀라스 신 Der Atlas

그녀의 초상 Ihr Bild

고기잡이 아가씨 Das Fischermädchen

도시 Die Stadt

바닷가에서 Am Meer

분신 Der Doppelgänger

우편 비둘기 Die Taubenpost

루트비히 렐스탑

Ludwig Rellstab, 1799-1860

음악평론가, 오페라 대본 작가, 소설가, 극작가, 시인으로 활동한 렐스탑은 베를린에서 음악상의 아들로 태어나 일찍이 피아노와 음악 이론을 배웠다. 오데르 강변의 프랑크푸르트에서 고대 언어를 배웠으며 드레스덴에서 티에크와 음악가 칼 마리아 폰 베버를, 바이마르에서 괴테를, 바이로이트에서 장 파울을 방문하고 감명을 받는다. 1822년에는 하이델베르크와 본 대학에서 철학과 문헌학을 공부하고, 1823년에는 자신이 대본을 쓴 오페라 〈디도 Dido〉를 상연하지만 실패로 끝난다.

1826년부터 음악평론을 시작한 렐스탑은 당대의 가장 영향력 있는 비평가의 한사람으로 활약하였다. 그는 또 인기있는 소설가이기도 했는데 나폴레옹의 러시아 원정을 그린 소설 『1812년』은 여러 나라 언어로 번역되었다. 실러를 모방하여 역사드라마를 시도하기도 했지만 성공을 거두지는 못했다. 그가 베토벤에게 헌정한 시들 중에서 일곱 편은 그의 사후에 슈베르트에 의해 작곡되어 유명해졌다.

하인리히 하이네

Heinrich Heine, 1797-1856

뒤셀도르프에서 유태인 포목상의 장남으로 태어난 하이네의 본명은 하리 하이네 Harry Heine였다. 그는 프로테스탄트로 개종하면서 하인리히로 개명하였다. 어린 시절 프랑스 지배하의 경험과 봉건적 독일에 대한 저항감에서 비롯된 자유와 해방에 대한 열망은 그의 전 생애를 일관하는 사상이 된다. 그는 1819년 본 대학에 입학, 베를린과 괴팅엔에서 법학을 공부하였으나, 문학·철학에도 관심을 가져 A. W. 슐레겔과 G. W. F. 헤겔 등의 강의를 듣기도 했다.

하이네는 22년에 처녀시집 『시 Gedichte』를 내놓으며 활발한 문학활동을 전개하고, 27년에 발표한 『노래의 책 Das Buch der Lieder』으로 시인으로서 명성을 얻는다. 그의 서정시에서는 사촌 아말리아 Amalia를 향한 이룰 수 없는 사랑의 고통과 슬픔, 그리움이 주제로 나타나는데, 소박한 민요풍의 리듬과 풍부한 음감의 언어가 조화를 이루어 슈베르트, 슈만 등 여러 작곡가들에 의해, 가곡으로 재탄생되기도 했다. 이 중 슈만이 하이네 시들 가운데 발췌하여 작곡한 연가곡집 『시인의 사랑 Dichterliebe』, 『리더크라이스 Liederkreis』는 독일 가곡사에서 가장 중요한 업적 가운데 속한다. 그러나 『노래의 책』의 일부 시들에서 이미 사회의 모순을 고발하고 인류의 해방을 지향하는 시인의 면모가 나타나기도 한다. 산문 『여행그림 Reisebilder (1827)』에서는 낭만적·서정적 범주에서 탈피하여, 냉혹한 현실을 냉소하고 독일인의 편협성을 공격하며, 교회나 귀족을 날카롭게 비판하는데, 이로 인해 작품의 발매 금지 처분을 받기도 한다.

그는 인류해방을 위한 전사로서 자신의 사명을 인식하고 정치선언을 하지만, 건강이 몹시 쇠약해져 1830년 헬골란트 섬에서 요양을 하게 된다. 이 때 파리의 7월 혁명에 대한 소식을 듣고 고무되어 봉건독일에 대한 투쟁을 새롭게 결심하지만, 체포의 위협을 느껴 1831년 파리로 망명한다. 이후 파리는 하이네가 죽을 때까지 거주하는 제 2의 고향이 된다.

파리에서 그는 생시몽주의의 영향을 받으며 독일 문학과 철학 전반을 비판하여, '예술시기의 종말'을 선언하고 새로운 예술의 시작을 알린다. 이상주의적 가상의 세계에 안주했던 이전의 문학은 끝나고 이제 문학은 현실과의 긴밀한 관계 속에서 사회적 기능을 확보해야 한다는 것이다. 하이네는 먼저 망명활동을 하고 있던, L. 뵈르네 및 프랑스 낭만파 시인들과 친교를 맺으며 정열적으로 문필활동을 전개한다. 그의 활동 영역은 독일 외부에 있었지만, 프랑스의 실태를 독일에 알리고 또 독일의 진실과 아름다움을 프랑스에 소개함으로써 독일과 프랑스 문화의 교량 역할에 기여하였다. 이로 인해 하이네는 체제 비판적 작가 그룹인 '청년 독일파 Junges Deutschland'의 대표 작가로 지목되고, 1835년에는 그의 모든 저작이 발매 금지 처분을 받게 된다.

1841년 18살 연하의 마틸데 Mathilde와 결혼한 하이네는 안정된 분위기 속에서 창작에 몰두하여, 독일 낭만파의 전통을 근본적으로 풍자하는 운문 서사시 『아타트롤. 한 여름밤의 꿈 Atta Troll. Ein Sommernachtstraum』, 풍자적인 혁명적 운문 서사시 『독일, 겨울동화 Deutschland. Ein Wintermärchen』 등을 쓴다. 1844년 파리에 와 있던 마르크스와 친교를 맺으면서 어조가 더 강화되지만 당시 프랑스의 혁명 주도계층이 보여준 급진성이나 강력한 정치적 행동으로까지 나아가지는 않는다.

1848년 프랑스 2월 혁명 이후 척추 결핵으로 쓰러진 하이네는 이후 사망할 때까지 8년 동안 병상에서 지내게 된다. 전신마비로 손가락만 겨우 움직일 수 있었던 극한 상황에서 발표한 『로만체로 Romanzero』는 고통을 해학으로 감싸고 새로운 종교적 귀의의 경지를 개척하려는 시인의 의지를 나타낸다. 병이라는 개인적 한계로 인해 정치적 문제와는 일정한 거리를 취할 수밖에 없었지만, 자유와 사회의 권리에 대해서는 계속 숙고하였으며, 특히 『루테치아Lutezia』에서는 자신의 정치 견해를 밝히면서 공산주의의 수용적 입장과 그에 대한 불안감을 기술하기도 했다. 실연의 슬픔과 사랑의 정열을 노래한 서정시인에서 출발하여, 반(反)전통적·혁명적 저널리스트로의 변신, 그리고 말년에는 고통 가운데서 신으로의 귀의를 소망하기도 했던 시인 하이네는 그의 초기 낭만적 서정시에서나 정치적 민중시에 있어서 여전히 19세기 최대의 시인으로 평가되고 있다.

슈베르트는 14개 곡으로 이루어진 『백조의 노래 Schwanengesang』의 Nr. 8-13에서 하이네의 시 '아틀라스 신 Der Atlas', '그녀의 초상 Ihr Bild', '고기잡이 아가씨 Das Fischermädchen', '도시 Die Stadt', '바닷가에서 Am Meer', '분신 Der Doppelgänger'에 곡을 붙였다. 그리고 멘델스존-바르톨디는 '노래의 날개 위에 Auf Flügeln des Gesanges'를 작곡했다.

슈만은 '저녁에 해변가에서 Abends am Strand', '그대의 얼굴 Dein Angesicht', '불쌍한 페터 Der arme Peter', '그대는 한 송이 꽃처럼 Du bist wie eine Blume', '연꽃 Die Lotosblume', '고독한 눈물은 왜일까 Was will die einsame Träne', '내 사랑 빛나네 Es leuchtet meine Liebe', '비극 Tragödie'을 작곡했고, 리스트는 하이네의 유명한 시 '로렐라이 Die Lorelei'와 '무화과나무 외롭게 서 있네 Ein Fichtenbaum steht einsam'에 곡을 붙였다. 또한 브람스는 '달빛 Mondenschein', '여름 저녁 Sommerabend', '죽음, 그것은 서늘한 밤 Der Tod, das ist die kühle Nacht'을, 후고 볼프는 '나의 커다란 고통에서 Aus meinen großen Schmerzen'를, 슈트라우스는 '나쁜 날씨 Schlechtes Wetter'를 작곡했다.

『노래의 책』에 실린 것으로 브람스가 작곡한 '죽음, 그것은 서늘한 밤'과 리스트가 작곡한 '로렐라이 Lorelei'는 괴테의 '들장미 Heideröslein', 클라우디우스의 '저녁의 노래 Abendlied' 등과 같이 예술가곡으로 분류된다.

요한 가브리엘 자이들

Johann Gabriel Seidl, 1804-1875

자이들은 1819에서 1826년까지 빈에서 철학과 법학을 공부하였다. 고전학과 금석학의 연구에 대한 글을 오스트리아의 지방 고고학을 위한 저명한 학술지에 내기도 했다. 1856년부터 1871년까지 왕실의 재무담당자로 근무하였으며, 『오스트리아의 김나지움을 위한 잡지』의 공동 창간자이자 주필이기도 했다.

1820년부터 자이들은 잡지, 연보, 연감 등에 서정시, 노벨레, 드라마에 대한 논문과 서평을 썼다. 특히 학창시절 동안 그는 레나우 Lenau, 할름 Halm 등과 친교를 맺는다. 1828년에는 빈에서 첫 번째 문집 『문학 Dichtungen』을 내는데, 여기서 이미 그의 경향은 소규모 문학 형식으로 기울어진다. 오늘날 자이들은 오스트리아 비더마이어 시대의 가장 이상적인 인물로서, '3월혁명 이전'의 중요한 문학 저널리스트들 중 하나로 간주된다.

그의 서정시는 작곡가들의 많은 사랑을 받았다. 그 가운데 '우편 비둘기 Die Taubenpost'는 슈베르트의 마지막 작품집 『백조의 노래 Schwanengesang』에 실려 유명해졌다. 또한 슈베르트는 그의 시 '조종 (弔鐘) Das Zügenglöcklein'을 작곡하였고 칼 뢰베 Carl Loewe는 자이들의 시 '시계 Die Uhr'에 곡을 붙였다.

1. Liebesbotschaft

Rauschendes Bächlein, so silbern und hell,
Eilst zur Geliebten so munter und schnell?
Ach, trautes Bächlein, mein Bote sei du;
Bringe die Grüße des Fernen ihr zu.

All ihre Blumen im Garten gepflegt,
Die sie so lieblich am Busen trägt,
Und ihre Rosen in purpurner Glut,
Bächlein, erquicke mit kühlender Flut.

Wenn sie am Ufer, in Träume versenkt,
Meiner gedenkend, das Köpfchen hängt,
Tröste die Süße mit freundlichem Blick,
Denn der Geliebte kehrt bald zurück.

Neigt sich die Sonne mit rötlichem Schein,
Wiege das Liebchen in Schlummer ein.
Rausche sie murmelnd in süße Ruh,
Flüstre ihr Träume der Liebe zu.

1. 사랑의 전령

은빛으로 맑게 흐르는 냇물아,
힘차고 빠르게 내 님께로 달려가나?
아, 정다운 냇물아, 너 나의 전령되어
멀리 있다는 안부를 그녀에게 전해다오.

그녀가 사랑스레 가슴에 지니는,
정원에서 자라는 모든 꽃들과
자줏빛으로 타오르는 그녀의 장미를
냇물아, 시원한 물줄기로 식혀다오.

그녀가 물가에서 꿈에 잠겨
내 생각하며 고개 떨구거든
다정한 눈길로 귀여운 그녀를 위로해다오.
사랑하는 사람이 곧 돌아온다고.

태양이 붉은 빛으로 기울 때면
사랑스런 그녀를 편히 잠재워다오.
감미로운 휴식으로 그녀에게 노래하며,
사랑의 꿈을 속삭여다오.

2. Kriegers Ahnung

In tiefer Ruh liegt um mich her
Der Waffenbrüder Kreis;
Mir ist das Herz so bang, so schwer,
Von Sehnsucht mir so heiß.

Wie hab ich oft so süß geträumt
An ihrem Busen warm!
Wie freundlich schien des Herdes Glut,
Lag sie in meinem Arm.

Hier, wo der Flammen düstrer Schein
Ach! nur auf Waffen spielt,
Hier fühlt die Brust sich ganz allein,
Der Wehmut Träne quillt.

Herz, daß der Trost dich nicht verläßt,
Es ruft noch manche Schlacht.
Bald ruh ich wohl und schlafe fest,
Herzliebste - gute Nacht!

2. 병사의 예감

내 곁에 있는 동지들
깊이 안식 취하는데,
내 마음은 두렵고 무거워지네,
그리움으로 뜨거워지네.

나 얼마나 자주 단꿈을 꾸었던가,
그녀의 따뜻한 가슴을!
화로의 불빛은 얼마나 다정했던가,
그녀가 내 품에 안겼을 때.

여기에서 음산하게 타는 불길이
아! 무기들에만 비칠 뿐.
여기서 내 마음은 정말 외로워라,
비애의 눈물만 샘솟는구나.

마음아, 위로가 너를 떠나지 않았으니,
아직 많은 전투에서 오라고 하네.
곧 나도 쉬고 깊은 잠에 빠지리니,
사랑하는 님이여 - 잘 자오!

3. Frühlingssehnsucht

Säuselnde Lüfte wehend so mild,
Blumiger Düfte atmend erfüllt!
Wie haucht ihr mich wonnig begrüßend an!
Wie habt ihr dem pochenden Herzen getan?
Es möchte euch folgen auf luftiger Bahn,
Wohin? Wohin?

Bächlein, so munter rauschend zumal,
Wollen hinunter silbern ins Tal.
Die schwebende Welle, dort eilt sie dahin!
Tief spiegeln sich Fluren und Himmel darin.
Was ziehst du mich, sehnend verlangender Sinn,
Hinab? Hinab?

Grüßender Sonne spielendes Gold,
Hoffende Wonne bringest du hold,
Wie labt mich dein selig begrüßendes Bild!
Es lächelt am tiefblauen Himmel so mild
Und hat mir das Auge mit Tränen gefüllt,
Warum? Warum?

Grünend umkränzet Wälder und Höh.
Schimmernd erglänzet Blütenschnee.
So dränget sich alles zum bräutlichen Licht;
Es schwellen die Keime, die Knospe bricht;
Sie haben gefunden, was ihnen gebricht:
Und du? Und du?

3. 봄의 동경

살랑대는 바람이 부드럽게 불어와
꽃향기를 내쉬며 사방에 퍼지네!
너희는 환희의 숨결로 날 반기는구나!
어떻게 내 마음을 이토록 고동치게 했는지?
너희들 가볍게 가는 길 뒤따르고 싶구나,
어디로? 어디로?

시냇물은 힘차게 콸콸거리며
은빛 골짜기로 흘러가려 하네.
일렁이는 물줄기, 그리로 달리고 있네!
들판과 하늘을 깊이 비추면서.
동경하며 갈구하는 마음아, 왜 나를 이끌어 가나,
아래로? 아래로?

빛나는 황금빛으로 인사하는 태양이여,
그대는 희망찬 환희를 전해주네,
행복하게 반겨주는 모습이 얼마나 큰 위로인지!
깊고 푸른 하늘에서 온화하게 미소지으며
내 눈을 눈물로 채워주었네,
어찌하여? 어찌하여?

숲과 언덕은 푸른 색 관을 둘러쓰고,
눈처럼 덮인 꽃들이 은은히 빛나며.
만물이 신부처럼 화사하게 밀려오는구나.
싹들이 부풀고 꽃봉오리가 터지네.
그들은 드디어 바라던 것을 찾았는데,
그대는? 그대는?

Rastloses Sehnen! Wünschendes Herz,
Immer nur Tränen, Klage und Schmerz?
Auch ich bin mir schwellende Triebe bewußt!
Wer stillet mir endlich die drängende Lust?
Nur du befreist den Lenz in der Brust,
Nur du! Nur du!

쉼 없는 그리움! 원하는 이 마음,
언제나 눈물과 탄식, 고통뿐인가?
부풀어오르는 충동을 나 또한 느끼는데!
몰아치는 이 욕망 달래줄 이 누구일까?
그대만이 이 가슴속의 봄을 풀어줄 수 있네,
오직 그대! 오직 그대만이!

4. Ständchen

Leise flehen meine Lieder
Durch die Nacht zu dir;
In den stillen Hain hernieder,
Liebchen, komm zu mir!

Flüsternd schlanke Wipfel rauschen
In des Mondes Licht,
Des Verräters feindlich Lauschen
Fürchte, Holde, nicht.

Hörst die Nachtigallen schlagen?
Ach! sie flehen dich,
Mit der Töne süßen Klagen
Flehen sie für mich.

Sie verstehen des Busens Sehnen,
Kennen Liebesschmerz,
Rühren mit den Silbertönen
Jedes weiche Herz.

Laß auch dir die Brust bewegen,
Liebchen, höre mich,
Bebend harr ich dir entgegen!
Komm, beglücke mich!

4. 세레나데

고요하게 애원하는 나의 노래는
밤을 타고 그대에게로 가네요.
조용한 이 숲으로 내려오세요,
사랑이여, 오세요 내게로!

늘씬한 나무들이
달빛 아래서 속삭이고 있군요.
누군가 엿들은 것을 드러내지 않을까
겁내지 마세요, 귀여운 그대.

밤 꾀꼬리 우는 소리 들리나요?
아! 그들은 애원하고 있어요,
달콤한 비탄의 목소리로
나를 위해 애원하는 거예요.

그들은 가슴속의 그리움을 알며
사랑의 고통을 알며,
은빛 목소리로
연약한 마음을 어루만지지요.

그대의 마음도 움직이세요,
사랑이여, 내 말을 들어요,
나 떨면서 그대를 기다리고 있어요!
와서, 나를 행복하게 해주오!

5. Aufenthalt

Rauschender Strom, brausender Wald,
Starrender Fels mein Aufenthalt.
Wie sich die Welle an Welle reiht,
Fließen die Tränen mir ewig erneut.

Hoch in den Kronen wogend sich's regt,
So unaufhörlich mein Herze schlägt,
Und wie des Felsen uraltes Erz,
Ewig derselbe bleibet mein Schmerz.

5. 거주지

흐르는 강물, 요동치는 숲,
우뚝 솟은 바위는 나의 처소.
파도에 파도가 연이어 일듯이
내 눈물도 영원히 새롭게 흐르리.

나무 위에서 굽이치며 움직이듯이
내 가슴은 끊임없이 두근거리며,
바위 속 태고의 광석처럼
내 고통은 영원히 한결같네.

6. In der Ferne

Wehe, den Fliehenden, Welt hinaus ziehenden! -
Fremde durchmessenden, Heimat vergessenden,
Mutterhaus hassenden, Freunde verlassenden
Folget kein Segen, ach! auf ihren Wegen nach!

Herze, das sehnende, Auge, das tränende,
Sehnsucht, nie endende, heimwärts sich wendende!
Busen, der wallende, Klage, verhallende,
Abendstern, blinkender, hoffnungslos sinkender!

Lüfte, ihr säuselnden, Wellen, sanft kräuselnden,
Sonnenstrahl, eilender, nirgend verweilender:
Die mir mit Schmerze, ach! dies treue Herze brach,
Grüßt von dem Fliehenden, Welt hinaus ziehenden.

6. 먼 곳에서

가엾다, 이 세상 등지고 떠난 사람들!
낯선 땅을 헤매며, 고향을 잊고,
고향집을 미워하며, 친구들을 버린 사람들,
아, 그들이 가는 길에 축복은 없네!

그리운 마음, 눈물에 젖은 눈,
고향을 향한 그칠 줄 모르는 그리움이여!
요동하는 가슴, 덧없이 울리는 탄식,
반짝이다가 희망 없이 지는 저녁별이여!

속삭이는 바람아, 잔잔히 이는 파도여
어디에도 머물지 않고 빠르게 움직이는 햇살이여,
고통스레, 아! 나의 진정한 마음을 부셔버린 그녀에게
세상 등지고 떠난 사람의 안부를 전해다오.

7. Abschied

Ade! du muntre, du fröhliche Stadt, ade!
Schon scharret mein Rößlein mit lustigem Fuß;
Jetzt nimm noch den letzten, den scheidenden Gruß.
Du hast mich wohl niemals noch traurig gesehn,
So kann es auch jetzt nicht beim Abschied geschehn.

Ade, ihr Bäume, ihr Gärten so grün, ade!
Nun reit ich am silbernen Strome entlang,
Weit schallend ertönet mein Abschiedsgesang;
Nie habt ihr ein trauriges Lied gehört,
So wird euch auch keines beim Scheiden beschert.

Ade, liebe Sonne, so gehst du zur Ruh, ade!
Nun schimmert der blinkenden Sterne Gold.
Wie bin ich euch Sternlein am Himmel so hold;
Durchziehn wir die Welt auch weit und breit,
Ihr gebt überall uns das treue Geleit.

Ade, ihr freundlichen Mägdlein dort, ade!
Was schaut ihr aus blumenumduftetem Haus
Mit schelmischen, lockenden Blicken heraus?
Wie sonst, so grüß ich und schaue mich um,
Doch nimmer wend ich mein Rößlein um.

7. 이별

안녕! 즐거이 환호하는 도시여, 안녕히!
나의 말이 발굽질하며 기다리고 있네.
이제 내 마지막 작별인사 받아다오.
너는 슬퍼하는 내 모습을 아직 보지 못했지,
작별의 이 순간에도 슬퍼할 순 없네.

안녕, 나무들, 푸른 정원들도, 안녕히!
이제 나는 은빛 강물을 따라 떠나가리,
이별의 노래를 멀리 울리면서.
너희는 슬픈 노래 들어본 적 없겠지,
떠나는 지금도 그런 노래 선사하진 않으리.

안녕, 사랑스런 태양아, 쉬러 가는구나, 안녕히!
이제 반짝이는 금빛 별들이 빛나겠구나.
하늘의 별들을 내 얼마나 좋아하는지.
우리가 넓고 먼 세상을 지나갈 때
너희는 어디서나 우리의 진정한 동반자.

안녕, 저기 상냥한 아가씨들, 안녕히!
향기로운 꽃 만발한 집에서
장난기 어린 유혹의 눈길로 바라보고 있나?
전 같으면 나도 발길을 돌려 인사했겠지.
그러나 이젠 말머리를 돌리지 않으리라.

Ade! du schimmerndes Fensterlein hell, ade!
Du glänzest so traulich mit dämmerndem Schein,
Und ladest so freundlich ins Hüttchen uns ein.
Vorüber, ach, ritt ich so manches Mal,
Und wär es denn heute zum letzten Mal.

Ade, ihr Sterne, verhüllet euch grau! Ade!
Des Fensterleins trübes, verschimmerndes Licht
Ersetzt ihr unzähligen Sterne uns nicht;
Darf ich hier nicht weilen, muß hier vorbei,
Was hilft es, folgt ihr mir noch so treu!

안녕! 밝은 창이여, 안녕히!
너는 희미한 빛으로 정답게 빛나며
다정하게 우리를 오두막으로 초대하네.
아, 그렇게 여러 번 지나갔던 곳,
오늘이 마지막 되겠지.

안녕, 별들아, 너희 빛을 가리거라! 안녕히!
너희들 수많은 별들도
꺼져 가는 작은 창의 빛을 대신할 순 없네.
이곳에 머물 수 없다면 지나가야겠지,
너희가 성실히 나를 따른들 무슨 도움 있으랴!

8. Der Atlas

Ich unglückselger Atlas! Eine Welt,
Die ganze Welt der Schmerzen muß ich tragen.
Ich trage Unerträgliches, und brechen
Will mir das Herz im Leibe.

Du stolzes Herz, du hast es ja gewollt!
Du wolltest glücklich sein, unendlich glücklich,
Oder unendlich elend, stolzes Herz,
Und jetzo bist du elend!

8. 아틀라스 신

난 불행한 아틀라스! 한 세계를,
모든 고통의 세계를 나 혼자 짊어져야 하네.
견딜 수 없는 것을 견디며,
내 마음은 무너지려 하네.

너 오만한 마음아, 네가 원했던 일이로다!
너는 행복하길 원했지, 한없이 행복하길,
또는 엄청나게 가련함을, 오만한 마음아,
그래서 넌 이제 가련해졌구나!

9. Ihr Bild

Ich stand in dunkeln Träumen
Und starrt' ihr Bildnis an,
Und das geliebte Antlitz
Heimlich zu leben begann.

Um ihre Lippen zog sich
Ein Lächeln wunderbar.
Und wie von Wehmutstränen
Erglänzte ihr Augenpaar.

Auch meine Tränen flossen
Mir von den Wangen herab.
Und ach! ich kann es nicht glauben,
Daß ich dich verloren hab!

(Hugo Wol; 1878)

9. 그녀의 초상

나 어두운 꿈속에 있었네,
그녀의 초상을 주시하노라니,
사랑스런 그 얼굴이
은밀하게 살아나기 시작했네.

그녀의 입가에는
놀라운 미소가 퍼졌네.
그리고 슬픔의 눈물처럼
그녀의 두 눈이 반짝였네.

그리고 나의 눈물도
두 뺨을 타고 흘러내렸네.
아, 나는 도저히 믿을 수 없어,
내가 너를 잃어버렸다니!

(후고 볼프; 1878)

10. Das Fischermädchen

Du schönes Fischermädchen,
Treibe den Kahn ans Land;
Komm zu mir und setze dich nieder,
Wir kosen Hand in Hand.

Leg an mein Herz dein Köpfchen
Und fürchte dich nicht zu sehr;
Vertraust du dich doch sorglos
Täglich dem wilden Meer!

Mein Herz gleicht ganz dem Meere,
Hat Sturm und Ebb und Flut,
Und manche schöne Perle
In seiner Tiefe ruht.

10. 고기잡이 아가씨

어여쁜 고기잡이 아가씨,
배를 뭍에 대어요.
내게로 와 앉아서,
우리 손을 어루만져요.

작은 머리를 내 가슴에 기대고
너무 두려워하지 말아요.
날마다 험한 바다도
그대는 의연히 맞섰잖아요!

내 마음도 바다와 똑같다오.
폭풍과 썰물과 밀물이 있고,
아름다운 많은 진주들이
그 아래 깊은 곳에 숨어 있다오.

11. Die Stadt

Am fernen Horizonte
Erscheint, wie ein Nebelbild,
Die Stadt mit ihren Türmen,
In Abenddämmrung gehüllt.

Ein feuchter Windzug kräuselt
Die graue Wasserbahn;
Mit traurigem Takte rudert
Der Schiffer in meinem Kahn.

Die Sonne hebt sich noch einmal
Leuchtend vom Boden empor,
Und zeigt mir jene Stelle,
Wo ich das Liebste verlor.

(Robert Franz, op. 37 Nr.3)

11. 도시

저 멀리 지평선에
안개 형상처럼 보이는
도시와 탑들은
저녁놀에 싸여있네.

습한 바람 불어와
잿빛 수면에 잔물결 일으키고
내 배의 사공은
서글픈 박자로 노를 젓는구나.

태양은 다시 빛나며
대지에서 솟아오르고,
사랑했던 내 님을 잃은
그 자리를 보여주네.

(로베르트 프란츠. op.37 Nr.3)

12. Am Meer

Das Meer erglänzte weit hinaus
Im letzten Abendscheine;
Wir saßen am einsamen Fischerhaus.
Wir saßen stumm und alleine.

Der Nebel stieg, das Wasser schwoll,
Die Möwe flog hin und wieder;
Aus deinen Augen, liebevoll,
Fielen die Tränen nieder.

Ich sah sie fallen auf deine Hand
Und bin aufs Knie gesunken;
Ich hab von deiner weißen Hand
Die Tränen fortgetrunken.

Seit jener Stunde verzehrt sich mein Leib,
Die Seele stirbt vor Sehnen;
Mich hat das unglückselge Weib
Vergiftet mit ihren Tränen.

12. 바닷가에서

마지막 저녁 햇살 받으며
바다는 저 멀리까지 빛났네.
우리는 쓸쓸한 어부의 집 앞에
단둘이 말없이 앉아 있었지.

안개가 피어오르고, 물이 불어나고,
갈매기는 이리저리 날았네,
사랑스런 너의 눈에서는
눈물이 흘러내렸지.

네 손에 떨어지는 눈물을 보고
나 무릎을 꿇었네,
네 하얀 손에 고인
눈물을 계속 받아 마셨지.

그 후로 내 몸은 쇠잔해지고
내 영혼은 그리움에 죽어가니,
그 불행한 여자가
눈물로 나를 독살한 것이리라.

13. Der Doppelgänger

Still ist die Nacht, es ruhen die Gassen,
In diesem Hause wohnte mein Schatz;
Sie hat schon längst die Stadt verlassen,
Doch steht noch das Haus auf demselben Platz.

Da steht auch ein Mensch und starrt in die Höhe,
Und ringt die Hände vor Schmerzensgewalt;
Mir graust es, wenn ich sein Antlitz sehe -
Der Mond zeigt mir meine eigne Gestalt.

Du Doppelgänger, du bleicher Geselle!
Was äffst du nach mein Liebesleid,
Das mich gequält auf dieser Stelle
So manche Nacht, in alter Zeit?

13. 분신

밤은 고요하고, 골목길은 한적한데
이 집에 나의 님이 살았었지.
님은 도시를 떠난 지 오래지만,
집은 그 자리에 그대로 있네.

거기 한 사람이 서서 산을 바라보다가
고통스럽게 힘껏 두 손을 비비는데,
그 얼굴 보니 소름 끼치네,
달빛에 비친 그는 바로 내 모습.

그대 나의 분신, 창백한 젊은이여!
어찌 사랑의 괴로움을 따라 겪는가,
그 옛날 바로 이 자리에서
수많은 밤 나를 괴롭혔던 그 괴로움을?

14. Die Taubenpost

Ich hab eine Brieftaub in meinem Sold,
Die ist gar ergeben und treu,
Sie nimmt mir nie das Ziel zu kurz,
Und fliegt auch nie vorbei.

Ich sende sie viel tausendmal
Auf Kundschaft täglich hinaus,
Vorbei an manchem lieben Ort,
Bis zu der Liebsten Haus.

Dort schaut sie zum Fenster heimlich hinein,
Belauscht ihren Blick und Schritt,
Gibt meine Grüße scherzend ab
Und nimmt die ihren mit.

Kein Briefchen brauch ich zu schreiben mehr,
Die Träne selbst geb ich ihr:
O sie verträgt sie sicher nicht,
Gar eifrig dient sie mir.

Bei Tag, bei Nacht, im Wachen, im Traum,
Ihr gilt das alles gleich,
Wenn sie nur wandern, wandern kann,
Dann ist sie überreich.

14. 우편 비둘기

내게 시중드는 우편 비둘기,
아주 충성스럽고 진실하다네.
내가 원하는 곳에 못 미친 적 없고
지나쳐 날아가지도 않네.

나 매일의 소식을 전하기 위해
그 비둘기 수없이 날려보냈네.
기쁨을 준 숱한 장소들을 지나
내 연인의 집까지.

비둘기는 몰래 창을 들여다보면서,
그녀의 눈빛과 발걸음을 살피고
즐겁게 나의 안부 전해 주고는
그녀의 안부를 받아 왔다네.

나에겐 편지 쓸 일 더 없으니
눈물만 비둘기에게 흘릴 뿐인데,
오 비둘기는 나의 눈물 견디지 못하니
그토록 열심히 시중드는구나.

낮이나 밤이나, 깨었을 때나 꿈꿀 때,
비둘기는 언제나 한결같다네.
어디든지 날아갈 수만 있다면
비둘기는 너무 행복해 하네.

Sie wird nicht müd, sie wird nicht matt,
Der Weg ist stets ihr neu;
Sie braucht nicht Lockung, braucht nicht Lohn,
Die Taub ist so mir treu.

Drum heg ich sie auch so treu an der Brust,
Versichert des schönsten Gewinns;
Sie heißt - die Sehnsucht!
Kennt ihr sie? Die Botin treuen Sinns.

지치지도 않고 낙담하지도 않고,
비둘기에겐 그 길은 항상 새롭네.
칭찬도 보상도 바라지 않는 비둘기,
나에게 참으로 충실하구나.

그래서 나도 진정으로 가슴에 품어준다네.
가장 아름다운 것을 얻었음을 확인하며.
비둘기의 이름은 - 그리움!
그대들은 아는가? 진실한 마음의 전령을.

6

로베르트 슈만 (1840) 曲

Op.24 Nr.1-9.

리더크라이스 op.24

하인리히 하이네 詩

I

Morgens steh' ich auf und frage:
Kommt feins Liebchen heut?
Abends sink' ich hin und klage:
Ausblieb sie auch heut.

In der Nacht mit meinem Kummer
Lieg' ich schlaflos, lieg' ich wach;
Träumend, wie im halben Schlummer,
Wandle ich bei Tag.

(Robert Franz: op.25 Nr.3)

(Franz Liszt: 1844)

1

아침마다 일어나 나는 묻네,
내 사랑이 오늘은 올까?
저녁마다 자리에 누워 탄식하네,
그녀는 오늘도 오지 않았어.

밤이면 근심으로 나
잠 못 이루고 깨어 있네.
낮에 백일몽 속에서
헤매는 것처럼, 꿈을 꾸면서.

(로베르트 프란츠: op.25 Nr.3)

(프란츠 리스트: 1844)

2

Es treibt mich hin, es treibt mich her!
Noch wenige Stunden, dann soll ich sie schauen,
Sie selber, die schönste der schönen Jungfrauen; -
Du armes Herz, was pochst du schwer!

Die Stunden sind aber ein faules Volk!
Schleppen sich behaglich träge,
Schleichen gähnend ihre Wege; -
Tummle dich, du faules Volk!

Tobende Eile mich treibend erfaßt!
Aber wohl niemals liebten die Horen; -
Heimlich im grausamen Bunde verschworen,
Spotten sie tückisch der Liebenden Hast.

(Robert Franz: op.34 Nr.4)

2

도저히 안절부절 못하겠네!
몇 시간 지나면 그녀를 보게 되겠지,
아름다운 처녀들 중 가장 아름다운 그녀를 -
가엾은 심장아, 어찌 이리도 심히 뛰는가!

시간은 게으른 녀석이라네!
마냥 한가롭게 느릿느릿
하품하면서 기어오는구나 -
서둘러라, 이 게으름뱅이야!

나 안달하면서, 미칠 듯이 초조해하네!
그러나 사랑해 본 적 없는 계절의 여신들은
잔인한 유대를 은밀히 맺어
사랑하는 이의 서두름을 심술궂게 조롱하네.

(로베르트 프란츠: op.34 Nr.4)

3

Ich wandelte unter den Bäumen
Mit meinem Gram allein;
Da kam das alte Träumen,
Und schlich mir ins Herz hinein.

Wer hat euch dies Wörtlein gelehret,
Ihr Vöglein in luftiger Höh'?
Schweigt still! wenn mein Herz es höret,
Dann tut es noch einmal so weh.

≫Es kam ein Jungfräulein gegangen,
Die sang es immerfort,
Da haben wir Vöglein gefangen
Das hübsche, goldne Wort.≪

Das sollt ihr mir nicht erzählen,
Ihr Vöglein wunderschlau;
Ihr wollt meinen Kummer mir stehlen,
Ich aber niemanden trau'.

3

나무 그늘을 거닐었네,
비탄스럽게 홀로.
그때 옛 꿈이 떠올라
마음속으로 파고들었네.

누가 너희에게 그 말을 가르쳤나,
하늘높이 떠 있는 새들아?
잠잠하거라! 내 마음이 그 말 들으면
또다시 고통받게 되리.

"한 아가씨가 와서
계속해서 노래를 불러주었죠.
그 예쁘고 황금빛 같은 말을
우리 새들이 전해주었어요."

그런 말을 내게 하지 말아라,
참으로 지혜로운 새들아,
너희는 내 슬픔을 가져가려 하나,
나 아무도 믿지 않네.

4

Lieb Liebchen, leg's Händchen aufs Herze mein; -
Ach, hörst du, wie's pochet im Kämmerlein?
Da hauset ein Zimmermann schlimm und arg,
Der zimmert mir einen Totensarg.

Es hämmert und klopfet bei Tag und bei Nacht;
Es hat mich schon längst um den Schlaf gebracht.
Ach! sputet Euch, Meister Zimmermann,
Damit ich balde schlafen kann.

(Robert Franz: op.17 Nr.3)

4

귀여운 사랑, 그대 손을 내 가슴에 대보아요.
아, 작은 방 안에서 쿵쿵거리는 소리 들리나요?
거기엔 악의에 찬 못된 목수가 살면서
나의 관을 짜고 있답니다.

낮이고 밤이고 망치 소리와 두드리는 소리,
난 오래 전에 잠을 잃었답니다.
아! 목수 양반 어서 서둘러 주오,
나 곧 잠들 수 있도록.

(로베르트 프란츠: op.17 Nr.3)

5

Schöne Wiege meiner Leiden,
Schönes Grabmal meiner Ruh',
Schöne Stadt, wir müssen scheiden, -
Lebe wohl! ruf' ich dir zu.

Lebe wohl, du heil'ge Schwelle,
Wo da wandelt Liebchen traut;
Lebe wohl! du heil'ge Stelle,
Wo ich sie zuerst geschaut.

Hätt' ich dich doch nie gesehen,
Schöne Herzenskönigin!
Nimmer wär' es dann geschehen,
Daß ich jetzt so elend bin.

Nie wollt' ich dein Herze rühren,
Liebe hab' ich nie erfleht;
Nur ein stilles Leben führen
Wollt' ich, wo dein Odem weht.

Doch du drängst mich selbst von hinnen,
Bittre Worte spricht dein Mund;
Wahnsinn wühlt in meinen Sinnen,
Und mein Herz ist krank und wund.

5

내 고뇌의 아름다운 요람,
내 안식의 아름다운 묘비,
아름다운 도시여, 우린 헤어져야 하리 -
안녕! 나 너를 불러보네.

안녕, 너 성스러운 문지방이여,
내 님이 친숙하게 거닐던 곳,
안녕! 너 성스러운 장소여,
내 그녀를 처음 보았던 곳.

나 그대를 보지 않았더라면,
아름다운 마음의 여왕이여!
내 지금처럼 이렇게 비참해지는
일은 결코 없었을 텐데.

나 그대 마음을 움직이려 한 적 없고
사랑을 간청하지도 않았네.
단지 조용히 살고 싶었을 뿐,
그대의 숨결 불어오는 곳에서.

그러나 그대는 여기서도 나를 몰아대며,
그대의 입은 쓰디쓴 말을 내뱉는구나.
광기가 온 감각 속으로 파고들어
내 마음은 병들고 상처받았네.

Und die Glieder matt und träge
Schlepp' ich fort am Wanderstab,
Bis mein müdes Haupt ich lege
Ferne in ein kühles Grab.

지치고 맥빠진 사지를 이끌고
나 지팡이에 의지하며 떠나노라,
마침내 내 피곤한 머리를 저 멀리
차가운 무덤 속에 누일 때까지.

6

Warte, warte, wilder Schiffsamann,
Gleich folg' ich zum Hafen dir;
Von zwei Jungfraun nehm' ich Abschied,
Von Europa und von Ihr.

Blutquell, rinn' aus meinen Augen,
Blutquell, brich aus meinem Leib,
Daß ich mit dem heißen Blute
Meine Schmerzen niederschreib'.

Ei, mein Lieb, warum just heute
Schaudert dich, mein Blut zu sehn?
Sahst mich bleich und herzeblutend
Lange Jahre vor dir stehn!

Kennst du noch das alte Liedchen
Von der Schlang' im Paradies,
Die durch schlimme Apfelgabe
Unsern Ahn ins Elend stieß?

Alles Unheil brachten Äpfel!
Eva bracht' damit den Tod,
Eris brachte Trojas Flammen,
Du brach'st beides, Flamm' und Tod.

6

기다려요, 기다려, 거친 뱃사람아,
곧 그대를 따라 항구로 가겠네.
두 명의 여인에게 작별을 고하리,
유럽여신과 그녀에게.

피의 샘물아, 내 눈에서 흘러라,
피의 샘물아, 내 몸에서 솟구쳐라,
뜨거운 핏물로
내 고통을 기록할 수 있도록.

아, 내 사랑, 어찌하여 오늘따라
내 피를 보고 몸서리치나요?
창백하게 마음의 피흘리는 나를,
그대는 수 년 동안이나 보지 않았소!

그대는 저 옛 노래를 알고 있나요,
악의에 찬 사과를 선물하여
우리의 조상을 가련하게 만든
낙원의 뱀에 대한 노래를?

모든 불행은 사과가 가져온 것!
이브는 사과와 함께 죽음을 가져왔고,
에리스는 토로이의 화염을 가져왔지만,
그대는 화염과 죽음, 둘 다 가져왔소.

7

Berg' und Burgen schaun herunter
In den spiegelhellen Rhein,
Und mein Schiffchen segelt munter,
Rings umglänzt von Sonnenschein.

Ruhig seh' ich zu dem Spiele
Goldner Wellen, kraus bewegt;
Still erwachen die Gefühle,
Die ich tief im Busen hegt'.

Freundlich grüßend und verheißend
Lockt hinab des Stromes Pracht;
Doch ich kenn' ihn, oben gleißend,
Birgt sein Innres Tod und Nacht.

Oben Lust, im Busen Tücken,
Strom, du bist der Liebsten Bild!
Die kann auch so freundlich nicken,
Lächelt auch so fromm und mild.

7

산과 성곽이 내려다보고 있네,
거울처럼 맑은 라인강을.
그리고 내 거룻배는 즐거이,
주위에 햇살을 받으며 떠가네.

금빛 파도가 출렁이며 노니는 것을
나 평온하게 바라보는데,
가슴 깊이 품고 있던
정념들이 조용히 깨어나네.

다정히 인사하며 약속하면서,
저 아래 찬란한 강이 유혹하지만,
나 강을 알지, 위에는 번쩍거려도
그 속은 죽음과 밤을 감추고 있음을.

겉은 즐거움, 가슴속엔 간교함,
강물아, 네가 바로 내 사랑의 모습이구나!
그녀도 고개를 끄덕일 때는 다정하고,
미소지을 땐 온순하고 부드럽단다.

8

Anfangs wollt' ich fast verzagen,
Und ich glaubt', ich trüg' es nie;
Und ich hab' es doch getragen -
Aber fragt mich nur nicht, wie?

(Franz Liszt: 1856)

8

처음엔 나 거의 낙담하고 말았지,
결코 이겨낼 수 없을 거라고 생각했어,
하지만 나 그걸 견뎌내었지 -
더 묻지는 마라, 어떻게? 라고는.

(프란츠 리스트: 1856)

9

Mit Myrten und Rosen, lieblich und hold,
Mit duft'gen Zypressen und Flittergold,
Möcht' ich zieren dies Buch wie 'nen Totenschrein,
Und sargen meine Lieder hinein.

O könnt' ich die Liebe sargen hinzu!
Auf dem Grabe der Liebe wächst Blümlein der Ruh',
Da blüht es hervor, da pflückt man es ab, -
Doch mir blüht's nur, wenn ich selber im Grab.

Hier sind nun die Lieder, die einst so wild,
Wie ein Lavastrom, der dem Ätna entquillt,
Hervorgestürzt aus dem tiefsten Gemüt,
Und rings viel blitzende Funken versprüht!

Nun liegen sie stumm und toten-gleich,
Nun starren sie kalt und nebelbleich,
Doch aufs neu' die alte Glut sie belebt,
Wenn der Liebe Geist einst über sie schwebt.

Und es wird mir im Herzen viel Ahnung laut:
Der Liebe Geist einst über sie taut;
Einst kommt dies Buch in deine Hand,
Du süßes Lieb im fernen Land.

9

사랑스럽고 예쁜 미르테와 장미로
향기로운 측백나무와 놋쇠 박편으로
나 이 책을 관처럼 장식하리라,
그리고 내 노래들을 그 속에 넣으리.

오 사랑도 함께 관에 넣을 수 있다면!
사랑의 무덤에서는 안식의 꽃이 자라나
꽃 피어 오르면 또 꺾인다네.
그러나 나 무덤에 있으면, 꽃은 만발하리.

여기에 노래들이 있네, 한때는 거칠게
에트나산에서 분출한 용암같이,
마음 깊은 데서 솟구쳐 올라,
번쩍이는 불꽃을 주위에 흩뿌렸는데!

이젠 말이 없고 시체처럼 누워있구나
차갑게, 안개처럼 창백하게 굳어버렸네.
그러나 옛 불길이 새로이 생기를 주리,
사랑의 혼이 노래들 위로 떠돌 때면.

내 마음에 있는 많은 예감들,
언젠가 사랑의 혼이 노래들을 적셔주고,
이 노래의 책이 그대 손에 닿을 것이요.
먼 나라에 있는 그대, 달콤한 사랑에게.

Dann löst sich des Liedes Zauberbann,
Die blassen Buchstaben schaun dich an,
Sie schauen dir flehend ins schöne Aug',
Und flüstern mit Wehmut und Liebeshauch.

그 때 노래들은 마력에서 풀려나고,
창백한 글자들이 그대를 바라보리라.
그대의 아름다운 눈을 간청하듯 바라보며
애처롭게 사랑의 숨결로 속삭이리라.

7

로베르트 슈만 (1840) 曲

Op.39 Nr.1–12.

리더크라이스 op.39

요제프 폰 아이헨도르프 詩

—

타향에서 In der Fremde

간주곡 Intermezzo

숲의 대화 Waldesgespräch

고요 Die Stille

달밤 Mondnacht

아름다운 낯선 곳 Schöne Fremde

성곽에서 Auf einer Burg

낯선 곳에서 In der Fremde

비애 Wehmut

땅거미 Zwielicht

숲속에서 Im Walde

봄 밤 Frühlingsnacht

요젭 폰 아이헨도르프

Joseph von Eichendorff, 1788-1857

아이헨도르프는 슐레지엔 태생으로 할레와 하이델베르크에서 철학과 법학을 전공했고, 거기서 괴레스, 아르님, 브렌타노를 만났다. 1813-1815년에는 해방전쟁에 참여했다가 1815년 루이제 폰 라리쉬 Luise von Larisch와 결혼하여 1816년 브레슬라우 정부에서 사법관 시보로 재직하였다. 1820년 단치히에서 참사관, 1824년 쾨니히스베르크에서 행정관리로 재직하였으며, 1831년부터는 베를린 문교부에서 근무했다.

그는 베를린과 빈 등지에서 낭만파의 작가들과 교류하며 많은 영향을 받았으나, 낭만주의자들에게 흔히 있는 지나친 자아의식을 내보이지 않고, 28년 동안 프로이센 관리로서 성실하고 정직한 생활을 영위한다. 그는 고요한 종교적 정서가 내재된 자연체험을 간결하고 쉬운 민요풍의 시어로 읊었는데, 그의 문학에는 무엇보다도 어린 시절 낙원으로 느꼈던 고향 루보비츠의 행복했던 생활과 자연풍경이 반영되어 있다. 가문이 몰락하면서 아이헨도르프는 어린 시절의 낙원 세계와 결별하게 되고, 이 체험은 현재에 대한 고통과 이상적 과거에 대한 동경이라는 낭만주의적 감정과 일치하는 것이다.

어려서부터 독실한 가톨릭 분위기에서 성장한 아이헨도르프는 일생을 흔들림 없는 신앙 속에서 살았으며, 그에게는 낭만적 무한 동경이 가톨릭 정신과 합치되어, 신에 대한 관계가 자연에 대한 관계와 동일하게 나타난다. 그러므로 그는 다른 낭만주의 작가들 경우처럼 병적이고 어두운 마적 힘에 이끌려 자아를 상실하거나 생활과 동떨어진 환상에 사로잡혀 몰락하는 요소를 갖지 않는다. 이런 요소들은 신앙을 통해 보다 높은 질서에의 귀의로 해소

된다.

주요 작품으로는 『예감과 현재』, 『대리석상』, 『어느 건달의 삶에서 Aus dem Leben eines Taugenichts』, 괴테의 발자취를 더듬어가는 『시인과 동료들』 등의 장단편 소설들과 『시 Gedichte (1837)』가 있다. 그의 시들은 노을이 진 원경, 속삭이는 소리, 부드러운 색조, 고요한 풍물 등이 반복해서 나타난다. 민요적 멜로디를 담고 있는데, 특히 '하나님이 자비를 베푸시기를 원하는 자 Wem Gott will rechte Gunst erweisen', '오 먼 계곡, 오 산들이여 O Täler, o Höhen', '계곡에서 정상까지 Vom Grund bis zu den Gipfeln', '고향 Die Heimat', '소리내는 나무 Es rauschen die Wipfel' 등의 시들은 유명하다. 특히 환호하는 봄, 숲과 산, 신비스러운 마법의 밤, 멜랑콜리의 상징인 밤 꾀꼬리, 머나먼 곳에서 들리는 종소리, 여행 등의 주제와 모티프를 지닌 '달밤 Mondnacht', '봄의 여행 Frühlingsfahrt', '밤의 마법 Nachtzauber', '말못한 사랑 Verschwiegene Liebe', '귀향 Rückkehr', '방랑의 노래 Wanderlied'와 같은 시들은 낭만주의 언어의 음악성으로 인해 슈만, 볼프, 오르프 등에 의해 작곡되어 널리 알려져 있다.

I. In der Fremde

Aus der Heimat hinter den Blitzen rot
Da kommen die Wolken her,
Aber Vater und Mutter sind lange tot,
Es kennt mich dort keiner mehr.

Wie bald, ach wie bald kommt die stille Zeit,
Da ruhe ich auch, und über mir
Rauscht die schöne Waldeinsamkeit,
Und keiner kennt mich mehr hier.

—

Johnnes Brahms, op.3 Nr.5 1852/53

1. 타향에서

붉게 번개 친 뒤 고향 쪽에서
구름이 이리로 오네,
아버지 어머니 오래 전에 돌아가셨으니
그곳엔 나를 아는 이 없네.

아, 고요한 시간은 얼마나 빨리 가는지,
그때는 나도 쉬리라, 내 머리 위엔
아름다운 숲의 적막감이 살랑거리고,
이곳에도 나를 아는 이 없으리라.

—
요하네스 브람스, op.3 Nr.5 1852/53

2. Intermezzo

Dein Bildnis wunderselig
Hab ich im Herzensgrund,
Das sieht so frisch und frölich
Mich an zu jeder Stund.

Mein Herz still in sich singet
Ein altes schönes Lied,
Das in die Luft sich schwinget
Und zu dir eilig zieht.

2. 간주곡

환희에 넘친 너의 모습
내 맘 깊은 곳에 있어,
언제나 생기있고 즐겁게
나를 바라보고 있네.

내 마음이 고요하게
아름다운 옛 노래를 부르면,
그 노래 공중에 날개 달고
서둘러 네게로 날아간다네.

3. Waldesgespräch

Es ist schon spät, es ist schon kalt,
Was reitest du einsam durch den Wald.
Der Wald ist lang, du bist allein,
Du schöne Braut! Ich führ dich heim! -

≫Groß ist der Männer Trug und List,
Vor Schmerz mein Herz gebrochen ist,
Wohl irrt das Waldhorn her und hin,
O flieh! Du weißt nicht, wer ich bin.≪ -

So reich geschmückt ist Roß und Weib,
so wunderschön der junge Leib,
Jetzt kenn ich dich - Gott steht mir bei!
Du bist die Hexe Lorelei.

≫Du kennst mich wohl - vom hohen Stein
Schaut still mein Schloß tief in den Rhein.
Es ist schon spät, es ist schon kalt,
Kommst nimmermehr aus diesem Wald.≪

3. 숲의 대화

이미 날은 저물고, 바람이 차가운데
그대 어찌 외로이 숲속을 달리는가.
숲은 길고, 그대는 혼자이니,
어여쁜 신부여! 내 그대를 집에 바래다주리!

"사내들 속임과 기만은 대단하지요,
내 마음은 고통에 무너졌어요,
뿔나팔소리 여기저기서 흩어지니,
어서 가세요! 당신은 나를 몰라요."

호화롭게 치장한 말과 여인,
젊은 육체는 이리도 고운데,
이제 너를 알겠어 - 하느님 맙소사!
너는 마녀 로렐라이.

"나를 알아보시는군요. - 높은 바위 위에서
나의 성은 라인강을 조용히 내려다보고 있죠.
이미 날은 저물고, 바람이 차가우니,
당신은 절대 이 숲을 빠져나갈 수 없어요."

4. Die Stille

Es weiß und rät es doch keiner,
Wie mir so wohl ist, so wohl!
Ach, wüßt es nur einer, nur einer,
Kein Mensch es sonst wissen soll.

So still ist's nicht draußen im Schnee,
So stumm und verschwiegen sind
Die Sterne nicht in der Höh,
Als meine Gedanken sind.

Ich wünscht, ich wär ein Vöglein
Und zöge über das Meer,
Wohl über das Meer und weiter,
Bis daß ich im Himmel wär!

—

Felix Menselssohn-Bartholdy, op.99 Nr.6 1841-45

4. 고요

그 누구도 진정 알지 못하리,
내 맘의 기쁨, 이 기쁨을!
아, 한 사람, 한 사람만 알아준다면,
다른 이는 절대로 알 수 없도록.

밖에 내리는 눈이 이토록 고요할까
하늘에 뜬 별들이 이토록
조용하고 말이 없을까,
내 맘 속의 상념처럼.

내가 한 마리 새라면
바다 건너 날아갈 텐데,
바다 건너 저 멀리로,
천국에 닿을 때까지!

—
펠릭스 멘델스존-바르톨디, op.99 Nr.6 1841-45

5. Mondnacht

Es war, als hätt' der Himmel
Die Erde still geküßt,
Daß sie im Blütenschimmer
Von ihm nur träumen müßt.

Die Luft ging durch die Felder,
Die Ähren wogten sacht,
Es rauschten leis die Wälder,
So sternklar war die Nacht.

Und meine Seele spannte
Weit ihre Flügel aus,
Flog durch die stillen Lande,
Als flöge sie nach Haus.

—

Johnnes Brahms, 1854

5. 달밤

마치 하늘이 땅에게
살며시 입을 맞추는 것처럼,
땅은 은은한 꽃빛 속에서
하늘을 꿈꾸네.

들녘에 바람이 불어오고,
밀 이삭은 부드럽게 물결치며,
숲들은 나직이 소리내고,
그토록 별빛 맑은 밤이었네.

그리고 내 영혼은
나래를 활짝 펴고,
고요한 대지를 날았네,
마치 집으로 가는 것처럼.

—
요하네스 브람스, 1854

6. Schöne Fremde

Es rauschen die Wipfel und schauern,
Als machten zu dieser Stund
Um die halbversunkenen Mauern
Die alten Götter die Rund.

Hier hinter den Myrtenbäumen
In heimlich dämmernder Pracht,
Was sprichst du wirr wie in Träumen
Zu mir, phantastische Nacht?

Es funkeln auf mich alle Sterne
Mit glühendem Liebesblick,
Es redet trunken die Ferne
Wie von künftigem, großem Glück.

6. 아름다운 낯선 곳

나무들이 살랑거리며 떠네,
옛날의 신들이 이 시간이면
거의 폐허가 된 성벽 주위를
돌아다니는 듯.

여기, 미르테 나무 뒤편
은밀히 어둑해지는 이 화려함 속에서
너는 꿈꾸듯 어지럽게 무엇을 말하려나,
나에게, 환상적인 밤이여?

모든 별들이 나를 향해 반짝이네,
열렬한 사랑의 시선으로,
저 먼 데서 도취하여 말해주네,
다가올 커다란 행복이 어떤지를.

7. Auf einer Burg

Eingeschlafen auf der Lauer
Oben ist der alte Ritter;
Drüber gehen Regenschauer,
Und der Wald rauscht durch das Gitter,

Eingewachsen Bart und Haare
Und versteinert Brust und Krause,
Sitzt er viele hundert Jahre
Oben in der stillen Klause.

Draußen ist es still und friedlich,
Alle sind ins Tal gezogen,
Waldesvögel einsam singen
In den leeren Fensterbogen.

Eine Hochzeit fährt da unten
Auf dem Rhein im Sonnenscheine,
Musikanten spielen munter,
Und die schöne Braut, sie weinet.

7. 성곽에서

저 위에서 파수 보던
늙은 기사는 잠이 들었네,
그 위로 소나기 내리고,
창살 너머로 숲의 소리 들리네.

길게 자란 수염과 머리카락,
돌로 변한 가슴과 옷깃,
수백 년이나 그렇게 앉아 있네,
저 위 적막한 망루 속에.

밖은 고요하고 평화로워라,
모두들 계곡으로 내려간 후,
산새들만 쓸쓸히 노래하는구나
인적 없는 창가에서.

저 아래, 햇빛 비치는 라인강 위에선
결혼 잔치가 한창이네.
악사들은 흥겹게 연주하는데,
어여쁜 신부, 울고 있구나.

8. In der Fremde

Ich hör' die Bächlein rauschen
Im Walde her und hin.
Im Walde, in dem Rauschen,
Ich weiß nicht, wo ich bin.

Die Nachtigallen schlagen
Hier in der Einsamkeit,
Als wollten sie was sagen
Von der alten, schönen Zeit.

Die Mondesschimmer fliegen,
Als säh ich unter mir
Das Schloß im Tale liegen,
Und ist doch so weit von hier!

Als müßte in dem Garten,
Voll Rosen weiß und rot,
Meine Liebste auf mich warten,
Und ist doch so lange tot.

8. 낯선 곳에서

나 시냇물 소리 듣네,
숲속 여기저기서.
숲속에서, 물소리 들으며,
나도 모르네, 여기가 어디인지.

이 적막 가운데
노래하는 저 밤 꾀꼬리들,
그 옛날 아름답던 시절을
이야기해 주는 듯.

어스름 달빛이 흐르고
발 아래 계곡에는
그 성이 보이는 듯한데,
하지만 그곳은 여기서 아주 멀지!

희고 붉은 장미꽃이
만발한 그 정원에서, 마치
내 사랑이 날 기다리는 것 같아,
하지만 그녀는 죽은 지 이미 오래.

9. Wehmut

Ich kann wohl manchmal singen,
Als ob ich fröhlich sei,
Doch heimlich Tränen dringen,
Da wird das Herz mir frei.

Es lassen Nachtigallen,
Spielt draußen Frühlingsluft,
Der Sehnsucht Lied erschallen
Aus ihres Kerkers Gruft.

Da lauschen alle Herzen,
Und alles ist erfreut,
Doch keiner fühlt die Schmerzen,
Im Lied das tiefe Leid.

9. 비애

때때로 나는 노래할 수 있네,
마치 즐거운 사람인 양.
그러나 남몰래 눈물이 흐르고,
내 마음은 자유로워진다네.

밖에서 봄바람이 불면
밤 꾀꼬리들은
감옥 깊이 갇혀 있던
그리움의 노래 울리게 하네.

이 노래에 귀기울이는 이들
모두가 기뻐하지만,
그 고통을 느끼는 이는 없네,
노래 속에 담긴 깊은 고뇌를.

10. Zwielicht

Dämmrung will die Flügel spreiten,
Schaurig rühren sich die Bäume,
Wolken ziehn wie schwere Träume -
Was will dieses Graun bedeuten?

Hast ein Reh du lieb vor andern,
Laß es nicht alleine grasen,
Jäger ziehn im Wald und blasen,
Stimmen hin und wieder wandern.

Hast du einen Freund hienieden,
Trau ihm nicht zu dieser Stunde,
Freundlich wohl mit Aug' und Munde,
Sinnt er Krieg im tück'schen Frieden.

Was heut gehet müde unter,
Hebt sich morgen neu geboren
Manches geht in Nacht verloren -
Hüte dich, sei wach und munter!

10. 땅거미

어스름이 날개를 펼치려 하고,
나무들은 몸서리치며 움직이네,
우울한 꿈처럼 지나가는 구름 -
이 섬뜩함은 무슨 의미일까?

그대 노루를 다른 이들보다 사랑한다면
홀로 풀을 뜯게 두지 말게나,
사냥꾼들이 숲에서 나팔을 불고
여기저기서 목소리가 들려오네.

이 세상에서 친구를 하나 두었다면
이 시간에는 그를 믿지 말지니,
눈과 입으로는 다정히 대해도
음험한 평화 속에 전쟁을 생각하고 있으니.

오늘 지쳐 가라앉는 것이
내일 새롭게 태어나리라.
많은 것이 밤에 사라지나니 -
조심하라, 깨어서 기운 차리게.

11. Im Walde

Es zog eine Hochzeit den Berg entlang,
Ich hörte die Vögel schlagen,
Da blitzten viel Reiter, das Waldhorn klang,
Das war ein lustiges Jagen!
Und eh ich's gedacht, war alles verhallt,
Die Nacht bedecket die Runde,
Nur von den Bergen noch rauschet der Wald
Und mich schauert's im Herzensgrunde.

11. 숲 속에서

결혼행렬이 산길을 지나갔네,
새들의 노래도 나는 들었네,
화려한 많은 기사들과 울리는 나팔소리,
그것은 즐거운 사냥이었네!
하지만 내가 생각하기도 전에, 모든 소리 사라졌고
어두운 밤이 사방을 덮고 있네,
산의 숲들만 계속 속삭이는데
깊은 마음속에서 나는 전율하네.

12. Frühlingsnacht

Über Garten durch die Lüfte
Hört ich Wandervögel ziehn,
Das bedeutet Frühlingsdüfte,
Unten fängt's schon an zu blüh'n.

Jauchzen möcht ich, möchte weinen,
Ist mir's doch, als könnt's nicht sein!
Alte Wunder wieder scheinen
Mit dem Mondesglanz herein.

Und der Mond, die Sterne sagen's
Und im Traume rauscht's der Hain,
Und die Nchtigallen schlagen's:
Sie ist deine, sie ist dein!

12. 봄 밤

정원 위로 부는 바람에서
나 철새들 날아오는 소리 듣네.
이는 봄의 향기를 뜻하는 것,
아래선 벌써 꽃 피기 시작했네.

환호하고 싶고, 울고도 싶은데,
왠지 그럴 수 없을 것 같아!
옛날의 기적이 다시금
달빛과 함께 비쳐 들어오는데.

달님이 말하지, 별들도 그러지,
꿈속에선 작은 숲이 속삭이지,
나이팅게일도 이렇게 노래하네,
"그녀는 네 것, 네 것이라니까!"

8

로베르트 슈만 (1840) 曲

Op.42 Nr.1-8, 1840

여인의 사랑과 생애

아델베르트 폰 샤미소 詩

아델베르트 폰 샤미소

Adelbert von Chamisso, 1781-1838

16세기 이후 샹빠뉴 지방에 거주해온 로트링엔 지방 최고(最古)의 이 가문은 1792년 혁명으로 인해 프랑스를 떠나야 했고, 그 이후 네덜란드를 지나 베를린까지 오게 된다. 이곳에서 샤미소는 1796년 왕비 프리데리케 루이제를 모시는 시동이 되었는데, 그녀의 권유로 개인교습을 받다가 베를린의 프랑스 김나지움에 다니게 된다.

1798년 샤미소는 프로이센 군대에 사관후보생으로 들어갔으나 곧 군복무와 편협한 상관들에게 반감을 느끼게 된다. 그는 독일어를 완벽하게 소화하지 못했던 데다가 프로이센이 나폴레옹에 대항할수록 자신의 가문 때문에 생겨난 불신감을 느끼게 된다. 그때까지 소홀했던 교육을 위해 그는 독학으로 그리스어를 공부했으며, 점점 루소와 칸트 그리고 클롭슈톡, 뷔르거, 빌란트, 괴테, 쉴러 등의 독일 시에 빠져든다. 아우구스트 빌헬름 슐레겔의 『아름다운 문학과 예술에 대한 강의 Vorlesung über schöne Literatur und Kunst』는 〈북극성연맹 Nordsternbund〉을 창설하게 되는 동기가 된다. 여기에는 샤미소 외에도, 바른하겐, 히치히, 노이만, 코레프 그리고 이후에는 푸케도 속했다. 샤미소는 바른하겐과 함께 『문학연감 Grüner Almanach』을 발간하기도 했는데, 큰 주목을 받지 못했으며 초기낭만주의의 미숙한 작품으로 분류되고 있다. 그리고 1806년에 출간된 『아델베르트 우화집 Adelberts Fabel』은 꿈의 상징과 자연의 알레고리에서 출발한 노발리스 스타일의 우화이다.

1806년 나폴레옹이 프로이센 군대를 물리친 역사적인 사건은 샤미소에게는 군대에서 벗어나는 것을 의미하긴 했지만, 이후의 시간들을 그는 베를린과 프랑스 사이를 오가며 자신의 국적에 대한 불확실성과 이후 여생에 대한 문제들로 번민한다. 계속적으로 문학을 공부했음에도 불구하고 그는 시인이 되기를 거의 포기한다.

1812년 가을, 그는 다시 베를린으로 돌아와 거의 32세의 나이로 자연과학 공부를 시작한다. 해방전쟁의 발발과, 그로 인한 프로이센의 애국적 분위기는 그로 하여금 다시 베를린을 떠나게 했다. 이첸플리츠 백작의 손님으로 있던 쿤너스도르프의 영지에서 소일거리로 쓰게 된 『페터 슐레밀의 놀라운 이야기 Peter Schlemihls wundersame Geschichte』는 19세기의 가장 인기있는 독일어 소설이 된다. 그림자를 판다는 모티브를 해석하려는 시도들은 오늘날까지도 끊이지 않고 있다. 가시적이고, 구체적인 정체성의 상실을 의미하는 그림자 상실은 샤미소 자신의 소외된 자로서의 고통을 의미한다. 그는 프로이센에 살고 있는 프랑스 이민자였고, 게다가 가망이 없는 시인이었던 것이다. 괴테의 『파우스트』의 소재이기도 한, 팔 수 없는 것으로 보이는 자아 포기라는 이 모티브는 『페터 슐레밀』에서 사회사적으로 의미있는 바리에이션으로 나타난다. 즉 "행운의 주머니"에서 나온 돈에 대한 사회적 정체성의 교환과정에서 주인공의 운명이 결정되는 것이다.

1813년 가을, 샤미소는 다시 베를린으로 와서 학업을 계속한다. 그는 히치히의 중재로, 자연과학자로서 러시아의 세계연구여행을 위한 배에 타게 된다. 이 여행에서 얻은 식물학, 동물학, 민족학의 학문적 자료들을 그는 자신의 생의 마지막에까지 탐구하게 된다. 그는 19세기의 식물지리학과 식물학의 대가로 알려진다. 빌헬름 폰 훔볼트의 연구와 관련해서 그는 「하와이 언어에 대해」라는 논문을 쓴다. 샤미소는 1819년 베를린대학의 명예박사가 되었고, 1835년에는 알렉산더 폰 훔볼트의 제안에 따라 베를린 아카데미의 일원이 된다. 그리고 1819년부터는 쇤베르크 식물원의 원장으로 일하기도 한다.

세계여행 이후 그는 히치히와 호프만 E. T. A. Hoffmann을 중심으로 한 〈세라피온의 형제들〉이라는 사교모임에 속해 있으면서, 다시 베를린의 문학그룹들과 교류하긴 했지만, 아직도 시인으로서는 빛을 보지 못한다. 그렇지만 『페터 슐레밀』 2판이 나오면서 그 부록에 들어있던 가곡과 발라드들이 큰 호응을 얻자, 그는 자신의 능력에 대해 자신감을 가지게 되었고, 그 이후 주목받는 서정시인이 된다. 그의 인기는 한 세기가 지나고 나서야 비로소 누그러들었다. 슈만이 곡을 붙인 『여인의 사랑과 생애 Frauen-Liebe und Leben』 같은 그의 시들은 비더마이어 시대의 낭만주의 사상과 표현양식을 대표하고 있다. 자유주의의 정치적 태도, 망명자로서의 개인적인 경험, 그리고 자연과학의 교육을 받은 현실감각은 그를 당대의 사회 현실에 대한 비판적인 관찰자로 만들었다. 사회적인 내용을 담은 서정시를 쓰면서 그는 자신이 후원하던 〈3월 혁명 이전〉의 시인들과도 친분을 맺었다.

I

Seit ich ihn gesehen, glaub ich blind zu sein,
Wo ich hin nur blicke, seh ich ihn allein;
Wie im wachen Traume schwebt sein Bild mir vor,
Taucht aus tiefstem Dunkel heller nur empor.

Sonst ist licht- und farblos alles um mich her,
Nach der Schwestern Spiele nicht begehr ich mehr,
Möchte lieber weinen still im Kämmerlein;
Seit ich ihn gesehen, glaub ich blind zu sein.

1

그이를 처음 본 후로 내 눈이 먼 것만 같아요.
바라보는 곳마다 그이만 보여요.
백일몽처럼 그이 모습 눈앞에 어른거리고,
깊은 어둠에서는 더욱 밝게 떠오르지요.

그 밖의 내 주위 모든 것은 빛도, 색깔도 없어요.
자매들과 놀이도 하고 싶지 않고
차라리 방에서 조용히 울고 싶어요.
그이를 처음 본 후로 나는 눈이 먼 것만 같아요.

2

Er, der Herrlichste von allen,
Wie so milde, wie so gut.
Holde Lippen, klares Auge,
Heller Sinn und fester Mut.

So wie dort in blauer Tiefe
Hell und herrlich jener Stern,
Also er an meinem Himmel
Hell und herrlich, hehr und fern.

Wandle, wandle deine Bahnen;
Nur betrachten deinen Schein,
Nur in Demut ihn betrachten,
Selig nur und traurig sein.

Höre nicht mein stilles Beten,
Deinem Glücke nur geweiht;
Darfst mich niedre Magd nicht kennen,
Hoher Stern der Herrlichkeit.

Nur die Würdigste von allen
Darf beglücken deine Wahl
Und ich will die Hohe segnen
Viele tausend Mal.

2

모든 사람 중에 가장 훌륭한 분,
그이는 참 온화하고 선량하지.
아름다운 입술, 맑은 눈,
밝은 마음에 굳건한 용기.

저기 깊고 푸른 하늘에
밝고 찬란한 별이 빛나듯
그이는 나의 하늘에서 빛나네,
밝고 찬란하게, 고상하게 멀리서.

가세요, 그대의 길을 가세요,
다만 그대의 빛을 보게 하세요,
겸손히 그 빛을 바라보게 하세요,
축복이지만 슬프게.

나의 조용한 기도를 듣지 말고
그대의 행복을 받들게 하세요.
이 비천한 소녀를 아실 필요는 없지요,
드높이 찬란한 별이여.

모든 여인 중에 가장 기품 있는 여인이
당신의 선택을 받고 행복할 거예요.
그러면 나 수천 번이고
그 귀한 아가씨를 축복하렵니다.

Will mich freuen dann und weinen,
Selig, selig bin ich dann,
Sollte mir das Herz auch brechen,
Brich, o Herz, was liegt daran?

나 기쁨에 겨워서 울겠어요,
정말로 지극히 행복할 거예요.
그때 내 마음이 찢어지게 되면,
찢어져라, 오 마음아, 무슨 상관이겠느냐?

3

Ich kann's nicht fassen, nicht glauben,
Es hat ein Traum mich berückt;
Wie hätt' er doch unter allen
Mich Arme erhöht und beglückt?

Mir war's, er habe gesprochen:
≫Ich bin auf ewig Dein≪,
Mir war's, ich träume noch immer,
Es kann ja nimmer so sein.

O laß im Traume mich sterben,
Gewieget an seiner Brust,
Den seligen Tod mich schlürfen
In Tränen unendlicher Lust.

3

아 이해할 수 없어, 믿을 수 없어,
꿈이 나를 홀린 거야.
모든 이들 가운데 가련한 나를
그이가 선택하여 행복하게 해주다니?

그이가 내게 말한 것 같은데,
'난 영원히 그대의 것'이라고.
난 여전히 꿈을 꾸는 것 같아,
그런 일은 절대로 있을 수 없어.

오 꿈속에서 죽게 내버려둬요,
그대 품에 안긴 채로.
복된 죽음이 나를 마시게 해요,
무한한 기쁨의 눈물 속에서.

4

Du Ring an meinem Finger,
Mein goldenes Ringelein,
Ich drücke dich fromm an die Lippen,
An das Herze mein.

Ich hatt' ihn ausgeträumet,
Der Kindheit friedlich schönen Traum,
Ich fand allein mich, verloren
Im öden unendlichen Raum.

Du Ring an meinem Finger,
Da hast du mich erst belehrt,
Hast meinem Blick erschlossen
Des Lebens unendlichen, tiefen Wert.

Ich will ihm dienen, ihm leben,
Ihm angehören ganz,
Hin selber mich geben und finden
Verklärt mich in seinem Glanz.

4

너, 내 손가락의 반지여,
나의 작은 금반지여,
내 너를 경건히 입술에 대어 보노라,
내 가슴에도.

나는 마지막 꿈을 꾸었네,
어린 시절의 다정하고 아름다운 꿈을.
나 홀로 길을 잃었네,
끝없이 황량한 곳에서.

너, 내 손가락의 반지여,
너는 비로소 나에게 가르쳤고,
나의 눈을 열어 보였도다,
삶의 무한하고 심오한 가치를.

나는 그에게 시중들고 그를 위해 살리라,
온전히 그의 것이 되어,
그에게 내 전부를 드리고,
그의 광채 속에서 새로이 변하리라.

5

Helft mir, ihr Schwestern,
Freundlich mich schmücken,
Dient der Glücklichen heute, mir,
Windet geschäftig
Mir um die Stirne
Noch der blühenden Myrte Zier.

Als ich befriedigt,
Freudigen Herzens,
Sonst dem Geliebten im Arme lag,
Immer noch rief er,
Sehnsucht im Herzen,
Ungeduldig den heutigen Tag.

Helft mir, ihr Schwestern,
Helft mir verscheuchen
Eine törichte Bangigkeit;
Daß ich mit klarem
Aug ihn empfange,
Ihn, die Quelle der Freudigkeit.

Bist, mein Geliebter,
Du mir erschienen,
Gibst du mir, Sonne, deinen Schein?
Laß mich in Andacht,
Laß mich in Demut,
Laß mich verneigen dem Herren mein.

5

자매들아, 나를 도와주오,
어여쁘게 나를 꾸며주오,
오늘은 행복한 나를 위해 봉사해다오.
어서 서둘러
나의 이마를
미르테 꽃 장식으로 감아주오.

전에 내가
만족스럽고 행복한 마음으로
사랑하는 님의 팔에 누웠을 때,
그이는 여전히
마음 속 그리움으로
초조하게 오늘을 재촉했었지.

자매들아, 나를 도와주오,
어리석은 불안을
떨치게 해주오.
그이를 맑은 눈으로
맞이할 수 있도록,
기쁨의 근원인 그이를.

사랑하는 님이여,
그대 내게 오셨군요,
태양을, 그대의 빛을 주시렵니까?
경건한 마음으로
겸손한 마음으로
내 주인께 드리는 인사를 받으세요.

Streuet ihm, Schwestern,
Streuet ihm Blumen,
Bringt ihm knospende Rosen dar.
Aber euch, Schwestern,
Grüß ich mit Wehmut,
Freudig scheidend aus eurer Schar.

자매들아, 그이 앞에 뿌려주오,
그이 앞에 꽃을 뿌려주오.
그이에게 봉오리 장미꽃들을 선사해요,
하지만 자매들아,
너희와는 슬픈 이별을 해야겠지,
기쁘게 내 너희를 떠나가네.

6

Süßer Freund, du blickest mich verwundert an,
Kannst es nicht begreifen, wie ich weinen kann;
Laß der feuchten Perlen ungewohnte Zier
Freudig hell erzittern in dem Auge mir.

Wie so bang mein Busen, wie so wonnevoll.
Wüßt ich nur mit Worten, wie ich's sagen soll;
Komm und birg dein Antlitz hier an meiner Brust,
Will ins Ohr dir flüstern alle meine Lust.

Weißt du nun die Tränen, die ich weinen kann,
Sollst du nicht sie sehen, du geliebter Mann?
Bleib an meinem Herzen, fühle dessen Schlag,
Daß ich fest und fester nur dich drücken mag.

Hier an meinem Bette hat die Wiege Raum,
Wo sie still verberge meinen holden Traum;
Kommen wird der Morgen, wo der Traum erwacht,
Und daraus dein Bildnis mir entgegenlacht.

6

감미로운 친구여, 놀라서 저를 바라보시네요.
제가 우는 이유를 모르시겠지요.
그대로 두세요, 이상한 눈물 진주의 장식이
제 눈에서 기쁨으로 밝게 떨도록.

제 가슴은 이렇게 두렵고 이렇게 환희 가득한데,
어떤 말로 표현해야 할지 모르겠어요.
이리 와서 당신 얼굴을 제 가슴에 묻어요,
저의 모든 기쁨을 귓전에 속삭여 드릴게요.

눈물의 이유를 이제 아시겠어요?
눈물을 보시면 안 되나요, 사랑하는 님이여?
제 가슴에 귀를 대고 고동 소리 느껴보아요.
제가 당신을 더욱 꽉 안을 수 있도록.

침대 옆에는 요람을 놓을 자리지요.
이곳에 저의 사랑스런 꿈이 숨어 있어요.
꿈이 깨어나는 아침이 오면
그대의 모습이 저를 향해 미소 짓겠지요.

7

An meinem Herzen, an meiner Brust,
Du meine Wonne, du meine Lust.
Das Glück ist die Liebe,
Die Lieb ist das Glück,
Ich hab's gesagt und nehm's nicht zurück.
Hab überschwenglich mich geschätzt,
Bin überglücklich aber jetzt.
Nur die da säugt, nur die da liebt
Das Kind, dem sie die Nahrung gibt;
Nur eine Mutter weiß allein,
Was lieben heißt und glücklich sein.
O wie bedauer' ich doch den Mann,
Der Mutterglück nicht fühlen kann.
Du lieber, lieber Engel du,
Du schaust mich an und lächelst dazu.
An meinem Herzen, an meiner Brust,
Du meine Wonne, du meine Lust.

7

내 마음에, 내 품에 안긴
너는 나의 환희, 나의 기쁨.
행복은 사랑이며,
사랑이 행복이라고,
나 그렇게 말했고, 그건 지금도 마찬가지.
전에 나 자신을 더없이 여겼는데
지금 나는 그보다 더 행복해.
젖을 물리고, 아기를 사랑하며
아기를 기르는 여자만이,
엄마가 된 여자만이 알 수 있지,
진정 사랑이 뭔지 행복이 뭔지를.
오 사내들은 가엾기도 해라,
엄마의 행복을 느낄 수 없으니까.
너 귀엽고 사랑스런 천사야,
나를 바라보며 미소 짓고 있네.
내 마음에, 내 품에 안긴
너는 나의 축복, 나의 기쁨.

8

Nun hast du mir den ersten Schmerz getan,
Der aber traf,
Du schläfst, du harter, unbarmherz'ger Mann,
Den Todesschlaf.

Es blicket die Verlassne vor sich hin,
Die Welt ist leer.
Geliebet hab ich und gelebt,
Ich bin nicht lebend mehr.

Ich zieh mich in mein Innres still zurück,
Der Schleier fällt;
Da hab ich dich und mein verlornes Glück,
Du meine Welt.

8

이제 당신은 처음으로 저를 고통스럽게 하셨어요,
정말 고통스럽게.
무정하고 야속한 사람, 그대는 주무시네요,
죽음의 잠을.

홀로 남은 여인이 바라보는
이 세상은 공허합니다.
나는 이미 사랑했고 또 다 살았으니
더 이상 사는 것이 아니랍니다.

내 마음속으로 조용히 돌아가서
베일을 내리겠어요.
거기 당신이 계시지요, 잃어버린 나의 행복이,
그대 나의 세계여.

9

로베르트 슈만 (1840) 曲

Op.35 Nr.1–12.

열두 편의 시

유스티누스 케르너 詩

—

폭풍우 부는 밤의 기쁨 Lust der Sturmnacht

사랑과 쾌락은 사라질지니 Stirb', Lieb' und Freud'

방랑의 노래 Wanderlied

첫 번째 초록빛 Erstes Grün

숲에 대한 동경 Sehnsucht nach der Waldgegend

내 죽은 친구의 술잔 Auf das Trinkglas eines verstorbenen Freundes

방랑 Wanderung

은밀한 사랑 Stille Liebe

질문 Frage

소리 없는 눈물 Stille Tränen

누가 그대를 병들게 했는가? Wer machte dich so krank?

낡은 라우테 Alte Laute

유스티누스 케르너

Justinus Kerner, 1786-1862

케르너는 정부관리의 여섯 번째 아들로 태어나, 마울브론과 루드비히스부르크에서 라틴 학교를 다니고 상업 교육을 받았다. 스승 콘츠 K. F. Conz에 의해 그는 실러, 클롭슈톡, 횔덜린 등의 문학에 눈을 뜬다. 케르너는 1804에서 1808년까지 튀빙겐 대학에서 의학을 공부했고, 청각조직의 기능에 대한 논문으로 박사학위를 취득한다. 그러나 낭만적인 감수성을 가진 친구들인 울란트 Uhland, 마이어 K. Mayer, 바란하겐 Varnhagen 등에 자극 받아 서정시에도 몰입하게 된다.

1809년 봄, 그는 함부르크로 일 년 동안 실습 여행을 떠난다. 이곳에서 그는 베를린에 있는 푸케 Fouqué와 샤미소를 만나게 된다. 그해 가을에는 현장실습을 계속하기 위해 비엔나로 여행을 떠나 프리드리히 슐레겔과 베토벤을 알게 된다. 케르너는 여행 중 울란트와 다른 친구들에게 쓴 편지들을 음악과 함께 상연할 수 있는 콜라주로 묶기도 했다. 『여행의 그림자. 루흐의 그림자극에 대하여』라는 이 책은 낭만적인 색채가 빛나고, 꿈으로 가득한 자의식이 아름답고 환상적으로 묘사되어 있다.

케르너는 울란트, 슈밥 Schwab과 공동 작업으로 두 권의 모음집을 출간하는데, 하나는 『1812년의 문학연감』이고, 다른 하나는 『독일 시인의 숲』이다. 이 책들에는 슈바벤의 낭만주의자들과 함께 헤벨 Hebel, 푸케, 샤미소, 아이헨도르프 등 다른 낭만주의 시인들의 시도 수록되어있다. 케르너의 시집 『시 Gedichte』는 민요적인 음색을 띠고 있고 따뜻하면서도 때로는 무거운 태도로 인하여, 신선하고 유머러스한 낭만적 음색과 함께 신비적이며 비밀스러운 분위기를 보이고 있다. 특히 그의 담시들은 전율적인 색채를 띤다. 그의 많은 시들은 형식면에서 불충분하다고 평가되기도 하지만, 『방랑의 노래 Wanderlied』, 『제재소의 방랑자 Der Wanderer in der Sägmühle』, 『죽은 친구의 술잔에 Auf das Trinkglas eines verstorbenen Freundes』, 『부유한 군주 Der reichste Fürst』 등 몇 작품은 천재적이라고 인정받는다. 1852년과 1859년에 각각 『마지막 꽃다발 Der letzte Blüthenstrauß』과 『겨울꽃 Winterblüthen』을 출간한다.

1840년 슈만은 케르너의 열두 편 시에 곡을 붙여 하나로 묶어 발표했다.

1. Lust der Sturmnacht

Wenn durch Berg und Tale draußen
Regen schauert, Stürme brausen,
Schild und Fenster hell erklirren,
Und in Nacht die Wandrer irren,
Ruht es sich so süß hier innen,
Aufgelöst in selges Minnen;
All der goldne Himmelsschimmer
Flieht herein ins stille Zimmer:
Reiches Leben, hab Erbarmen!
Halt mich fest in linden Armen!
Lenzesblumen aufwärts dringen,
Wölklein ziehn und Vöglein singen.
Ende nie, du Sturmnacht, wilde!
Klirrt, ihr Fenster, schwankt, ihr Schilde,
Bäumt euch, Wälder, braus, o Welle,
Mich umfängt des Himmels Helle!

1. 폭풍우 부는 밤의 기쁨

산과 계곡에 온통
소낙비가 내리고, 폭풍우가 불면,
문패와 창문이 맑은 소리로 덜커덩거리면,
방랑자가 헤매는 밤이면,
여기 집 안에는 달콤한 평온이 깃들고,
축복스런 사랑에 빠지게 되는구나.
하늘의 황금빛 햇살이
조용한 방으로 찾아드니,
풍요로운 삶이여, 자비를 베풀지니!
온화한 팔로 나를 꽉 붙들어다오!
봄의 꽃들을 소생케 하며,
구름을 움직이고, 예쁜 새들을 노래하게 하라.
멈추지 말지니, 그대 폭풍이 부는 거친 밤이여!
덜커덩거려라, 창문아, 흔들려라, 문패야.
일어서라, 숲이여, 부서져라, 파도야.
하늘의 밝은 빛이 나를 감싸도다!

2. Stirb', Lieb' und Freud'

Zu Augsburg steht ein hohes Haus,
Nah bei dem alten Dom,
Da tritt am hellen Morgen aus
Ein Mägdelein gar fromm;
Gesang erschallt,
Zum Dome wallt
Die liebe Gestalt.

Dort vor Marias heilig' Bild
Sie betend niederkniet,
Der Himmel hat ihr Herz erfüllt,
Und alle Weltlust flieht:
≫O Jungfrau rein!
Laß mich allein
Dein eigen sein!≪

Alsbald der Glocken dumpfer Klang
Die Betenden erweckt,
Das Mägdlein wallt die Hall' entlang,
Es weiß nicht, was es trägt;
Am Haupte ganz
Vom Himmelsglanz
Einen Lilienkranz.

2. 사랑과 쾌락은 사라질지니

아욱스부르그의 오래된 성당
가까이 큰 집이 한 채 있는데,
밝은 아침에 경건한 소녀가
밖으로 나가네.
찬송가가 울려 퍼지니,
이 아름다운 소녀는
성당으로 가네.

거기 성스러운 마리아 상 앞에서
그녀가 무릎 꿇어 기도하니,
하늘이 그녀의 마음을 채우네.
그러자 세상의 모든 쾌락 사라지네.
"오 순수한 동정녀여!
저를 오로지
당신의 것 되게 하소서!"

둔중한 종소리가
기도하는 자를 깨우자,
그 소녀 성당 안을 따라 걷네,
지니고 가는 것이 무엇인지 모른 채.
하늘의 광휘로
머리엔
백합화환을 이고서도.

Mit Staunen schauen all' die Leut'
Dies Kränzlein licht im Haar.
Das Mägdlein aber wallt nicht weit,
Tritt vorn den Hochaltar:
≫Zur Nonne weiht
Mich arme Maid!
Stirb', Lieb' und Freud'!≪

Gott, gib, daß dieses Mägdelein
Ihr Kränzlein friedlich trag,
Es ist die Herzallerliebste mein,
Bleibt's bis zum jüngsten Tag.
Sie weiß es nicht,
Mein Herz zerbricht,
Stirb', Lieb' und Licht!

모든 사람 놀라 쳐다보네,
머리에 밝게 빛나는 그 화환을.
그러나 그 소녀 멀리 안 가서,
중앙제단 앞으로 다가가네.
"이 가련한 소녀를
수녀로 받아주소서!
사랑과 쾌락은 사라질지니!"

하나님, 이 소녀 주님의
면사포를 평화롭게 쓰게 하소서.
그건 저의 가장 귀중한 것이니,
최후의 심판 날까지 쓰게 하소서.
하지만 그녀는 모르리.
내 마음은 찢어지는 것을.
사랑과 빛은 사라질지니!

3. Wanderlied

Wohlauf! noch getrunken den funkelnden Wein!
Ade nun, ihr Lieben! geschieden muß sein.
Ade nun, ihr Berge, du väterlich' Haus!
Es treibt in die Ferne mich mächtig hinaus.

Die Sonne, sie bleibet am Himmel nicht stehn;
Es treibt sie durch Länder und Meere zu gehn.
Die Woge nicht haftet am einsamen Strand,
Die Stürme, sie brausen mit Macht durch das Land.

Mit eilenden Wolken der Vogel dort zieht
Und singt in der Ferne ein heimatlich' Lied.
So treibt es den Burschen durch Wälder und Feld,
Zu gleichen der Mutter, der wandernden Welt.

Da grüßen ihn Vögel bekannt überm Meer,
Sie flogen von Fluren der Heimat hierher;
Da duften die Blumen vertraulich um ihn,
Sie trieben vom Lande die Lüfte dahin.

Die Vögel, die kennen sein väterlich' Haus,
Die Blumen, die pflanzt er der Liebe zum Strauß,
Und Liebe, die folgt ihm, sie geht ihm zur Hand:
So wird ihm zur Heimat das fernste Land.

3. 방랑의 노래

자, 반짝이는 포도주를 마시게!
안녕, 그대 내 사랑이여! 이제 헤어져야 하니.
안녕, 산들아, 너 아버지의 집이여!
나를 멀리 힘껏 내모는구나.

태양은 하늘에 머무르지 않고,
육지와 바다로 이끌려가니,
파도는 한적한 해변가에 머무르지 않고,
폭풍은 육지로 마음껏 부네.

빨리 지나가는 구름과 함께 새들이 날아가면서,
멀리 떨어진 고향의 노래를 부르네.
그래서 그 청년 숲과 들을 지나,
어머니에게로, 방랑하는 세계로 나아가네.

그러자 바다 위 새들이 기꺼이 그를 맞이하네.
그 새들 고향의 전답에서 이리로 날라 왔으니,
꽃들도 몰래 그의 주위로 향기를 내네.
새들이 육지에서 그 미풍을 몰고 왔으니.

그의 아버지의 집을 아는 새들,
연인을 위해 화환으로 심었던 꽃들,
그리고 사랑이 뒤따라와, 함께 손잡고 가니,
머나먼 땅이 그의 고향이 되도다.

4. Erstes Grün

Du junges Grün, du frisches Gras!
Wie manches Herz durch dich genas,
das von des Winters Schnee erkrankt,
oh wie mein Herz nach dir verlangt!

Schon wächst du aus der Erde Nacht,
wie dir mein Aug entgegen lacht!
Hier in des Waldes stillem Grund
drückt ich dich, Grün, an Herz und Mund.

Wie treibts mich von den Menschen fort!
Mein Leid das hebt kein Menschenwort,
Nur junges Grün ans Herz gelegt,
macht, daß mein Herze stiller schlägt.

4. 첫 번째 초록빛

너 새로운 초록빛, 너 신선한 풀이여!
겨울눈에 병들었던 많은 마음들이
너로 인해 얼마나 많이 회복되었던가!
오 내 마음도 얼마나 너를 그리워하는지!

너 대지의 밤에서 벌써 자라나
내 눈 너를 보며 웃네!
이곳 고요한 숲 속에서
너, 초록빛을 내 마음과 입술에 대어 보네.

사람들에게서 멀어진 나!
내 고통 사람의 말로는 치유 못하네,
다만 새로운 초록빛 가슴에 놓은 채,
내 마음 더 나직이 고동치게 하라.

5. Sehnsucht nach der Waldgegend

Wär' ich nie aus euch gegangen,
Wälder, hehr und wunderbar!
Hieltet liebend mich umfangen
Doch so lange, lange Jahr'!

Wo in euren Dämmerungen
Vogelsang und Silberquell,
Ist auch manches Lied entsprungen
Meinem Busen, frisch und hell.

Euer Wogen, euer Hallen,
Euer Säuseln nimmer müd',
Euer Melodien alle
Weckten in der Brust das Lied.

Hier in diesen weiten Triften
Ist mir alles öd' und stumm,
Und ich schau in blauen Lüften
Mich nach Wolkenbildern um.

Wenn ihr's in den Busen zwinget,
Regt sich selten nur das Lied:
Wie der Vogel halb nur singet,
Den von Baum und Blatt man schied.

5. 숲에 대한 동경

내 너희로부터 떠나지 않았던들,
장엄하고 놀라운 숲이여!
사랑스레 나를 감싸안았지
그렇게 오래, 여러 해 동안!

숲에 땅거미가 지면,
새들의 노래와 맑은 샘이 있는 곳엔,
많은 노래 울려나왔지
내 마음에서, 신선하고도 맑게.

너희의 물결침, 메아리,
너희의 속삭임 지칠 줄 몰랐고,
너희의 멜로디 모두
내 마음 속 노래를 일깨웠지.

드넓은 이 목초지에서
내게 모든 것이 황량하고 말이 없네,
내 푸른 하늘의
구름들을 둘러보네.

너희들 내 가슴을 억누르면,
그 노래 활기 띠지 못하리.
나무에서 벗어난 새 기꺼이
노래하지 못하듯이.

6. Auf das Trinkglas eines verstorbenen Freundes

Du herrlich Glas, nun stehst du leer,
Gals, das er oft mit Lust gehoben;
Die Spinne hat rings um dich her
Indes den düstren Flor gewoben.

Jetzt sollst du mir gefüllet sein
Mondhell mit Gold der deutschen Reben!
In deiner Tiefe heilgen Schein
Schau ich hinab mit frommem Beben.

Was ich erschau in deinem Grund
Ist nicht Gewönlichen zu nennen.
Doch wird mir klar zu dieser Stund,
Wie nichts den Freund vom Freund kann trennen.

Auf diesen Glauben, Glas so hold!
Trink ich dich aus mit hohem Mute.
Klar spiegelt sich der Sterne Gold,
Pokal, in deinem teuren Blute!

Still geht der Mond das Tal entlang.
Ernst tönt die mitternächtige Stunde.
Leer steht das Glas! Der heilige Klang
Tönt nach in dem kristallnen Grunde.

6. 내 죽은 친구의 술잔

너 멋진 술잔아, 지금은 비어있구나,
그가 이따금 기쁘게 들었던 술잔.
그 동안 너 주위와 비단보엔
온통 거미줄이 쳐있네.

이제 내 술잔으로 채워져야 했는데,
달빛 가득히 독일 포도의 황금빛으로!
심오하게 비치는 너의 성스러움을
떨리는 경건함으로 나 내려다보노라.

너의 밑바닥에서 내 바라보는 건
평범하다고 말할 수 없는 것이네.
하지만 이 시간 내게 분명한 건,
친구사이를 떼어놓을 수 없다는 것이네

이러한 믿음에서, 우아한 술잔아!
내 너를 기분 좋아 들이키네.
별들의 황금빛이 술잔,
너의 진한 핏빛 속에 맑게 비치는구나.

조용히 달이 계곡 따라 기울어가고.
한밤중의 시간이 진지하게 흐르네.
술잔이 비어있구나! 성스러움이
크리스탈 잔 밑바닥에서 울려난다.

7. Wanderung

Wohlauf und frisch gewandert ins unbekannte Land!
Zerrissen, ach zerrissen, ist manches teure Band.
Ihr heimatlichen Kreuze, wo ich oft betend lag,
Ihr Bäume, ach, ihr Hügel, o blickt mir segnend nach.

Noch schläft die weite Erde, kein Vogel weckt den Hain,
Doch bin ich nicht verlassen, doch bin ich nicht allein,
Denn, ach, auf meinem Herzen trag' ich ihr teures Pfand,
Ich fühl's, und Erd und Himmel sind innig mir verwandt.

7. 방랑

자, 유쾌하게 미지의 나라로 떠나자!
많은 진실된 인연이 끊어졌도다, 아 끊어졌도다.
내 종종 기도하며 누웠던, 너 고향의 십자가상,
너희 나무들, 아 언덕들, 오 나를 축복하며 바라보네.

드넓은 대지는 여전히 잠들어 있고, 숲엔 새 소리 없네.
하지만 난 버림받지 않았네, 나 외롭지 않아.
아, 내 마음에 너희의 증표들을 담아 가노라.
난 느끼네, 땅과 하늘이 내 마음에 친근함을.

8. Stille Liebe

Könnt' ich dich in Liedern preisen,
Säng' ich dir das längste Lied.
Ja, ich würd' in allen Weisen
Dich zu singen nimmer müd'!

Doch was immer mich betrübte,
Ist, daß ich nur immer stumm
Tragen kann dich, Herzgeliebte,
In des Busens Heiligtum.

Dieser Schmerz hat mich bezwungen,
Daß ich sang dies kleine Lied,
Doch von bitterm Leid durchdrungen,
Daß noch kein's auf dich geriet.

8. 은밀한 사랑

내 그대를 노래로 찬양할 수 있다면,
내 그대에게 기나긴 노래를 부를 수 있다면.
그래, 내 모든 방법으로
그대에게 노래해도 지치지 않으리!

하지만 늘 나를 슬프게 하는 것은,
내가 늘 말없이, 내 사랑,
그대를 이 가슴의 성역 속에,
지닐 수 있다는 것이라네.

내 이 고통에 억눌려,
이 작은 노래를 불렀지.
하지만 쓰라린 괴로움에 사무쳐,
그대에게 다다른 노래 하나 없네.

9. Frage

Wärst du nicht, heilger Abendschein!
Wärst du nicht, sternerhellte Nacht!
Du Blütenschmuck! Du üppiger Hain!
Und du, Gebirg, voll ernster Pracht!
Du Vogelsang aus Himmeln hoch!
Du Lied aus voller Menschenbrust,
Wärst du nicht, ach, was füllte noch
In arger Zeit ein Herz mit Lust?

9. 질문

그대가 성스런 저녁놀이 아니었더라면!
그대가 별이 빛나는 밤이 아니었더라면!
그대는 꽃 장식! 그대는 무성한 숲!
그리고 그대는 화려함이 가득한 산!
그대는 높은 하늘의 새소리!
그대는 인간의 충만한 마음에서 나오는 노래!
그대가 아니었더라면, 아 무엇으로
사악한 시대의 마음을 기쁨으로 채웠으리요?

10. Stille Tränen

Du bist vom Schlaf erstanden
Und wandelst durch die Au.
Da liegt ob allen Landen
Der Himmel wunderblau.

So lang du ohne Sorgen
Geschlummert schmerzenlos,
Der Himmel bis zum Morgen
Viel Tränen niedergoß.

In stillen Nächten weinet
Oft mancher aus den Schmerz,
Und morgens dann ihr meinet,
Stets fröhlich sei sein Herz.

10. 소리 없는 눈물

그대 잠에서 깨어나,
푸른 풀밭을 거니네.
모든 땅 위로 눈부신
푸른 하늘이 보이네.

그토록 오래 그대 근심 없이
고통 없는 단잠을 잤네.
아침까지 하늘은
많은 눈물 흘렸다오.

조용한 밤에 많은 이
이따금 고통으로 눈물 흘리지요.
아침 되면 그대들 그 마음 늘
기쁘다고 생각하지요.

11. Wer machte dich so krank?

Daß du so krank geworden,
Wer hat es denn gemacht?
Kein kühler Hauch aus Norden
Und keine Sternennacht.

Kein Schatten unter Bäumen,
Nicht Glut des Sonnenstrahls,
Kein Schlummern und kein Träumen
Im Blütenbett des Tals.

Daß ich trag' Todeswunden,
Das ist der Menschen Tun;
Natur ließ mich gesunden,
Sie lassen mich nicht ruhn.

11. 누가 그대를 병들게 했는가?

그대가 병이 들다니,
도대체 누가 그렇게 했는가?
북쪽에서의 차가운 미풍도,
별이 빛나는 밤도 아니리.

나무 밑의 그림자도,
태양 빛의 작열함도,
계곡의 풀밭에서의
어떠한 단잠과 꿈도 아니리.

내가 죽을 상흔을 지니고 있는 건,
인간의 행위 때문이니.
자연이 나를 치유했지만,
인간은 나를 내버려두지 않네.

12. Alte Laute

Hörst du den Vogel singen?
Siehst du den Blütenbaum?
Herz! kann dich das nicht bringen
Aus deinem bangen Traum?

Was hör' ich? Alte Laute
Wehmütger Jünglingsbrust,
Der Zeit, als ich vertraute
Der Welt und ihrer Lust.

Die Tage sind vergangen,
Mich heilt kein Kraut der Flur;
Und aus dem Traum, dem bangen,
Weckt mich ein Engel nur.

12. 낡은 라우테

너 새소리를 듣는가?
너 꽃피는 나무를 보는가?
마음이여! 그것이 너를
두려운 꿈에서 깨어나게 할 수 있는가?

내 무엇을 듣고 있나? 애처로운
젊은이 마음의 낡은 라우테 소리.
내 속마음 털어놓았던 시절의 라우테,
이 세상과 그 즐겨웠던 낡은 라우테 소리.

지나간 나날들,
들의 어떤 풀도 나를 치유하지 못하리.
꿈에서, 두려운 꿈에서,
천사만 나를 깨우네.

10

로베르트 슈만 (1840) 曲

Op.48 Nr.1–16.

시인의 사랑

하인리히 하이네 詩

I

Im wunderschönen Monat Mai,
Als alle Knospen sprangen,
Da ist in meinem Herzen
Die Liebe aufgegangen.

Im wunderschönen Monat Mai,
Als alle Vögel sangen,
Da hab' ich ihr gestanden
Meine Sehnen und Verlangen.

—

Robert Franz, op. 25 Nr. 5

1

진정 아름다운 달 오월,
모든 꽃봉오리 터질 때,
나의 마음속에도
사랑이 싹텄네.

진정 아름다운 달 오월,
모든 새들 노래할 때,
내 그녀에게 고백했네
나의 그리움과 갈망을.

—
로베르트 프란츠, op. 25 Nr. 5)

2

Aus meinen Tränen sprießen
Viel blühende Blumen hervor,
Und meine Seufzer werden
Ein Nachtigallenchor.

Und wenn du mich lieb hast, Kindchen,
Schenk' ich dir die Blumen all',
Und vor deinem Fenster soll klingen
Das Lied der Nachtigall.

2

나의 눈물에서는
많은 꽃들이 싹터 나오고,
나의 탄식은
밤 꾀꼬리 합창되네

그대 나를 사랑한다면, 소녀여,
내 이 꽃 전부를 그대에게 드리리오.
그리고 그대 창 앞에서
밤 꾀꼬리 노래를 들으리이다.

3

Die Rose, die Lilie, die Taube, die Sonne,
Die liebt' ich einst alle in Liebeswonne.
Ich lieb' sie nicht mehr, ich liebe alleine
Die Kleine, die Feine, die Reine, die Eine;
Sie selber, aller Liebe Wonne,
Ist Rose und Lilie und Taube und Sonne.
Ich liebe alleine
Die Kleine, die Feine, die Reine, die Eine.

—

Robert Franz, op. 34 Nr. 5
Giacomo Meyerbeer, 1838

3

장미와 백합, 비둘기와 태양,
예전에 내 이 모두를 사랑의 환희로 사랑했지만,
이젠 사랑하지 않네, 내 사랑하는 건 다만
귀엽고, 아리땁고, 순결한 여인, 하나뿐.
그녀가 곧 모든 사랑의 환희이며
장미요, 백합이요, 비둘기요, 태양이니,
내 사랑은 다만
귀엽고, 아리땁고, 순결한 여인, 하나뿐.

—

로베르트 프란츠, op. 34 Nr. 5
기아코모 마이어비어, 1838

4

Wenn ich in deine Augen seh',
So schwindet all' mein Leid und Weh;
Doch wenn ich küsse deinen Mund,
So werd' ich ganz und gar gesund.

Wenn ich mich lehn' an deine Brust,
Kommt's über mich wie Himmelslust;
Doch wenn du sprichst: ich liebe dich!
So muß ich weinen bitterlich.

—

Robert Franz, op. 44 Nr. 5
Hugo Wolf, 1876; aus dem Nachlaß

4

내 그대의 눈을 들여다보면,
내 모든 괴로움과 슬픔이 사라지지요,
하지만 내 그대의 입에 입맞추면
진정 건강하게 될 거예요.

내 그대의 가슴에 기대면
천국의 기쁨이 내게 올 거예요.
하지만 그대가 '사랑해요' 라고 말하면,
나는 서글프게 울게 될 거예요.

—

로베르트 프란츠, op. 44 Nr. 5
후고 볼프, 1876 유고에서

5

Ich will meine Seele tauchen
In den Kelch der Lilie hinein;
Die Lilie soll klingend hauchen
Ein Lied von der Liebsten mein.

Das Lied soll schauern und beben
Wie der Kuß von ihrem Mund,
Den sie mir einst gegeben
In wunderbar süßer Stund'.

—

Robert Franz, op. 43 Nr. 4

5

내 영혼을 감추고 싶네.
백합꽃 봉오리 속에.
백합은 내 사랑의 노래를
나에게 들려주겠지.

그 노래 나를 무섭도록 전율케 하리라,
그녀 입의 입맞춤처럼.
언젠가 놀랍도록 달콤한 시간에
그녀가 내게 해주었던 그 입맞춤.

—

로베르트 프란츠, op. 43 Nr. 4

6

Im Rhein, im heiligen Strome,
Da spiegelt sich in den Well'n
Mit seinem großen Dome,
Das große, heilige Köln.

Im Dom da steht ein Bildnis,
Auf goldenem Leder gemalt;
In meines Lebens Wildnis
Hat's freundlich hineingestrahlt.

Es schweben Blumen und Eng'lein
Um unsre liebe Frau;
Die Augen, die Lippen, die Wänglein,
Die gleichen der Liebsten genau.

6

라인 강, 성스러운 강물,
그 물결 속에 비치고 있네,
커다란 성당과
거대하고 성스러운 쾰른이.

그 성당에는 황금 가죽에 그려진
초상화 하나 있네.
그 초상화 내 거친 삶에
다정한 빛을 비추어 주네.

자애로운 성모상 주위에는
꽃과 귀여운 천사들이 떠돌고 있네.
눈과 입술, 두 뺨이
내 사랑의 모습을 꼭 닮았네.

7

Ich grolle nicht, und wenn das Herz auch bricht,
Ewig verlor'nes Lieb! Ich grolle nicht.
Wie du auch strahlst in Diamantenpracht,
Es fällt kein Strahl in deines Herzens Nacht.
Das weiß ich längst.

Ich grolle nicht, und wenn das Herz auch bricht.
Ich sah dich ja im Traume,
Und sah die Nacht in deines Herzens Raume,
Und sah die Schlang', die dir am Herzen frißt,
Ich sah, mein Lieb, wie sehr du elend bist.
Ich grolle nicht.

7

내 원망 않으리, 이 마음 무너질지라도,
영원히 사라진 사랑아! 난 원망 않으리.
네 비록 다이아몬드처럼 화려하게 빛날지라도
그 빛 네 마음속의 밤을 비추지는 못하네.
그걸 난 오래 전부터 알고 있었네.

원망하지 않으리, 이 마음 무너질지라도.
꿈에 내 너를 보았지,
네 마음속의 밤을 보았고,
네 마음을 파먹는 뱀을 보았지.
내 사랑아, 내 너의 가련함을 보았네.
난 원망하지 않으리.

8

Und wüßten's die Blumen, die kleinen,
Wie tief verwundet mein Herz,
Sie würden mit mir weinen,
Zu heilen meinen Schmerz.

Und wüßten's die Nachtigallen,
Wie ich so traurig und krank,
Sie ließen fröhlich erschallen
Erquickenden Gesang.

Und wüßten sie mein Wehe,
Die goldenen Sternlein,
Sie kämen aus ihrer Höhe,
Und sprächen Trost mir ein.

Sie alle können's nicht wissen,
Nur Eine kennt meinen Schmerz;
Sie hat ja selbst zerrissen,
Zerrissen mir das Herz.

8

꽃들, 귀여운 꽃들이 안다면,
내 마음에 깊은 상처 있음을,
그들은 나와 함께 울어줄 텐데,
나의 고통을 치유하도록.

밤 꾀꼬리들이 안다면,
내가 얼마나 슬프고 아픈지,
그들은 즐겁게 울려 퍼지게 하리라,
생기를 불어주는 노래를.

그들이 내 비애를 안다면,
황금빛 작은 별들이,
하늘에서 내려와
나를 위로해 줄 텐데.

그 모두들 알지 못하리,
오직 한 여인만 내 고통 알리라.
바로 그녀가 찢어놓았네,
내 마음을 찢어놓았네.

9

Das ist ein Flöten und Geigen,
Trompeten schmettern darein;
Da tanzt wohl den Hochzeitsreigen
Die Herzallerliebste mein.

Das ist ein Klingen und Dröhnen,
Ein Pauken und ein Schalmei'n;
Dazwischen schluchzen und stöhnen
Die lieblichen Engelein.

9

이것은 플루트와 바이올린 소리,
그곳엔 트럼펫 소리도 크게 들리네.
거기서 결혼식 윤무를 추고 있겠지.
진정 사랑한 내 여인이.

울리며 나는 소리와 시끄러운 진동소리,
또한 북소리와 피리소리,
그 사이로 사랑스런 천사들이
흐느끼며 신음하네.

10

Hör' ich das Liedchen klingen,
Das einst die Liebste sang,
So will mir die Brust zerspringen
Von wildem Schmerzendrang.

Es treibt mich ein dunkles Sehnen
Hinauf zur Waldeshöh',
Dort löst sich auf in Tränen
Mein übergroßes Weh'.

10

이전에 내 사랑이 불렀던
그 노래를 듣노라니
억누를 수 없이 밀려드는 고통으로
내 가슴은 터질 것만 같구나.

암담한 그리움으로 나
숲 언덕 위로 올라가니,
엄청난 나의 슬픔은 그곳에서
눈물 되어 녹아내리네.

II

Ein Jüngling liebt ein Mädchen,
Die hat einen anderen erwählt;
Der andre liebt eine andre,
Und hat sich mit dieser vermählt.

Das Mädchen nimmt aus Ärger
Den ersten besten Mann,
Der ihr in den Weg gelaufen;
Der Jüngling ist übel dran.

Es ist eine alte Geschichte,
Doch bleibt sie immer neu;
Und wem sie just passieret,
Dem bricht das Herz entzwei.

11

한 젊은이 한 처녀를 사랑했는데,
이 처녀는 다른 남자를 선택했네.
그 남자는 또 다른 처녀를 사랑하여
그녀와 결혼하였네.

화가 난 그 처녀는
자신 앞에 나타난
훌륭한 첫 남자를 받아들였네.
그 젊은이는 이 일로 괴로워하네.

이것은 오래된 이야기지만
여전히 새로운 일이기도 하지.
이 일에 부딪히는 자,
그 가슴은 쪼개지고 말리라.

12

Am leuchtenden Sommermorgen
Geh' ich im Garten herum.
Es flüstern und sprechen die Blumen,
Ich aber wandle stumm.

Es flüstern und sprechen die Blumen,
Und schaun mitleidig mich an:
Sei unsrer Schwester nicht böse,
Du trauriger blasser Mann.

12

햇빛 비치는 여름날 아침
나는 정원을 거닐고 있네.
꽃들이 속삭이듯 말하지만,
나는 말없이 걷네.

꽃들이 속삭이듯 말하면서
나를 안스러이 바라보네.
우리의 누이에게 화내지 마세요,
그대 슬프고 창백한 자여.

13

Ich hab' im Traum geweinet,
Mir träumte, du lägest im Grab.
Ich wachte auf, und die Träne
Floß noch von der Wange herab.

Ich hab' im Traum geweinet,
Mir träumt', du verließest mich.
Ich wachte auf, und ich weinte
Noch lange bitterlich.

Ich hab' im Traum geweinet,
Mir träumte, du wär'st mir noch gut.
Ich wachte auf, und noch immer
Strömt meine Tränenflut.

13

꿈속에서 나는 울었네,
그대가 무덤에 누워 있었네.
잠에서 깨어도, 그 눈물은
뺨을 타고 계속 흘러 내렸네.

꿈속에서 나는 울었네,
그대가 나를 버렸네.
잠에서 깨어도, 나는 울었네,
오래도록 비통하게.

꿈속에서 나는 울었네,
그대가 나를 여전히 좋아했네.
잠에서 깨어도, 그래도 여전히
내 눈물은 억수같이 흘렀네.

14

Allnächtlich im Traume seh' ich dich,
Und sehe dich freundlich grüßen,
Und laut aufweinend stürz ich mich
Zu deinen süßen Füßen.

Du siehst mich an wehmütiglich
Und schüttelst das blonde Köpfchen;
Aus deinen Augen schleichen sich
Die Perlentränentröpfchen.

Du sagst mir heimlich ein leises Wort
Und gibst mir den Strauß von Cypressen.
Ich wachte auf, und der Strauß ist fort,
Und's Wort hab' ich vergessen.

14

매일 밤 꿈속에서 나 그대를 보네.
그대가 다정히 내게 인사하면,
나는 큰 소리로 울며 몸을 숙이네,
그대의 어여쁜 발 아래로.

그대는 애처롭게 나를 바라보며,
금발의 머리를 가로젓네.
그대의 두 눈에서 가만히 흘러내리네,
진주 같은 눈물방울이.

그대는 은밀하게 나직한 한마디를 건네며,
사이프러스 꽃다발을 내게 주네.
내 깨어나 보니, 그 꽃다발 간 데 없고,
그 한마디도 기억할 수 없네.

15

Aus alten Märchen winkt es
Hervor mit weißer Hand,
Da singt es und da klingt es
Von einem Zauberland;

Wo bunte Blumen blühen
Im gold'nen Abendlicht,
Und lieblich duftend glühen,
Mit bräutlichem Gesicht;

[Und grüne Bäume singen
Uralte Melodei'n,
Die Lüfte heimlich klingen,
Und Vögel schmettern drein;

Und Nebelbilder steigen
Wohl aus der Erd' hervor,
Und tanzen luft'gen Reigen
Im wunderlichen Chor;

Und blaue Funken brennen
An jedem Blatt und Reis,
Und rote Lichter rennen
Im irren, wirren Kreis;

15

옛 동화 속에서 하얀 손으로
손짓하는 것이 있네,
그것이 노래하며, 들려주네.
마법의 나라에 대해.

황금빛 저녁 햇살 속에서
다채로운 꽃들이 피어나고,
신부의 얼굴을 하고
사랑스레 향기를 내뿜는 곳.

[초록빛 나무들은
태고의 곡조를 노래하고,
미풍도 은밀히 소리내며,
새들도 재잘거리며 노래하는 곳.

안개로 된 형상들이
대지에서 솟아 올라와
경이로운 합창 속에서
하늘거리며 윤무를 추는 곳.

잎새마다 가지마다
푸른 불꽃이 타오르고,
어지럽게 원을 그리며
붉은 빛들이 달리는 곳.

Und laute Quellen brechen
Aus wildem Marmorstein,
Und seltsam in den Bächen
Strahlt fort der Widerschein.]

Ach, könnt' ich dorthin kommen,
Und dort mein Herz erfreu'n,
Und aller Qual entnommen,
Und frei und selig sein!

Ach! jenes Land der Wonne,
Das seh' ich oft im Traum,
Doch kommt die Morgensonne,
Zerfließt's wie eitel Schaum.

거친 대리석에서
샘이 콸콸 터지고,
냇물에 다시 반사되어
야릇하게 빛나는 곳.]

아, 내 그 곳으로 가서,
거기서 내 마음 기쁘고
온갖 고통에서 벗어나
자유롭고 행복했으면!

아! 저 환희의 나라를
나는 종종 꿈속에 본다네,
하지만 아침 햇살이 비춰,
헛된 거품으로 흩어버리네.

16

Die alten bösen Lieder,
Die Träume bös' und arg,
Die laßt uns jetzt begraben,
Holt einen großen Sarg.

Hinein leg' ich gar manches,
Doch sag' ich noch nicht, was;
Der Sarg muß sein noch größer
Wie's Heidelberger Faß.

Und holt eine Totenbahre
Und Bretter fest und dick;
Auch muß sie sein noch länger,
Als wie zu Mainz die Brück'.

Und holt mir auch zwölf Riesen,
Die müssen noch stärker sein
Als wie der starke Christoph
Im Dom zu Köln am Rhein.

Die sollen den Sarg forttragen,
Und senken ins Meer hinab;
Denn solchem großen Sarge
Gebührt ein großes Grab.

16

낡고 몹쓸 노래들,
사악하고 못된 꿈들,
이젠 모두 묻어버리세,
커다란 관을 가져오게나.

그 속에 많은 것을 넣겠지만,
무엇인지 아직은 말하지 않겠네.
관은 더 커야 하네,
하이델베르크의 술통보다도.

그리고 관대를 가져오게,
단단하고 두꺼운 판도.
그것은 더 길어야 하네,
마인츠의 다리보다도.

그리고 열두 거인들을 데려오게.
그들은 더 건장해야 하네,
라인 강가 쾰른 성당에 있는
용사 크리스토프보다도.

그들은 그 관을 운반하여
바다 속으로 던져야 하네.
그렇게 거대한 관에는
거대한 무덤이 어울리니까.

Wißt ihr, warum der Sarg wohl
So groß und schwer mag sein?
Ich senkt auch meine Liebe
Und meinen Schmerz hinein.

그대들은 아는가, 왜 그 관이
그렇게 크고 무거워야 하는지?
내 그 속에 나의 사랑도
나의 고통도 함께 넣어야 하니까.

11

리하르트 바그너 (1857/58) 曲

여성 성악가를 위한 다섯 노래 (베젠동크 가곡)

마틸데 베젠동크 詩

—

천사 Der Engel

조용히 멈추어라! Stehe still!

온실에서 Im Treibhaus

고통 Schmerzen

꿈 Träume

마틸데 베젠동크

Mathilde Wesendonck, 1828-1902

상업고문관의 딸인 마틸데는 유복한 비단상인 오토 베젠동크와 결혼했다. 1852년 그녀는 리하르트 바그너 Richard Wagner를 알게 되고 그의 후원자가 된다. 1857년 그녀는 취리히로 정치적 망명을 온 바그너에게 자기 집 근처에 피난처를 제공해 주었다. 여기 머물면서 바그너는 그녀가 지은 다섯 편의 『베젠동크 가곡 Wesendonk-Lieder』(1857/58)에 곡을 붙이게 된다. 기혼자였던 두 사람 사이의 우정을 넘어선 관계는 그다지 발전되지 못한다. 특히 그 당시 바그너의 부인인 민나 Minna가 베젠동크에게 보내는 바그너의 편지를 가로채게 되면서 두 사람의 관계는 이루어지지 못한 동경으로 남는다. 이러한 관계는 바그너의 오페라 『트리스탄과 이졸데 Tristan und Isolde』로 승화되며, 베젠동크는 이 작품에서 이루어질 수 없는 사랑으로 죽어가는 연인 이졸데의 형상으로 구현된다. 한편 바그너는 후에 『뉘른베르크의 명가수 Die Meistersinger von Nürnberg』에서 등장인물 포그너 Pogner에 그녀의 남편 오토를 투영시킨다.

1870/71년의 전쟁 기간 동안 그녀의 집은 독일에 우호적인 모든 사람들의 중심지가 된다. 1872년 베젠동크 부부는 드레스덴으로 이주했고, 1887년에는 베를린으로 옮긴다. 그들의 손님으로는 브람스와 리스트 그리고 리얼리즘의 시인 마이어 C. F. Meyer 등을 들 수 있다.

베젠동크는 대부분의 작품을 그녀의 아이들을 위해서 썼다. 때문에 많은 작품들이 초기에는 익명으로 출판되었다가 1869년에야 비로소 그녀의 이름으로 출판된다. 그녀는 그리스어와 프랑스어 작품들과 단테, 독일 중세시대의 음류시인 발터 폰 포겔바이데를 번역하기도 했다.

베젠동크의 다섯 편의 시는 바그너의 『트리스탄』에 대해 감동을 받고 쓰인 시이다.

I. Der Engel

In der Kindheit frühen Tagen
Hört ich oft von Engeln sagen,
Die des Himmels hehre Wonne
Tauschen mit der Erdensonne,

Daß, wo bang ein Herz in Sorgen
Schmachtet vor der Welt verborgen,
Daß, wo still es will verbluten,
Und vergehn in Tränenfluten,

Daß, wo brünstig sein Gebet
Einzig um Erlösung fleht,
Da der Engel niederschwebt,
Und es sanft gen Himmel hebt.

Ja, es stieg auch mir ein Engel nieder,
Und auf leuchtendem Gefieder
Führt er, ferne jedem Schmerz,
Meinen Geist nun himmelwärts!

1. 천사

일찍이 내 어렸을 때에
내 종종 천사들의 말을 들었네.
천국의 숭고한 환희를
지상의 햇빛과 바꾸는 천사를.

근심에 쌓인 마음이 불안스레
세상 몰래 애태우며 그리워할 때,
그 마음 조용히 피를 흘리면서
넘치는 눈물 속에 쇠잔해 갈 때,

열정적인 그 마음의 기도가
오로지 구원만을 간구할 때,
천사가 내려와서 그 마음을
평온하게 하늘로 들어올리네.

그래, 천사는 내게도 내려왔지.
모든 고통을 멀리한 채,
빛나는 날개 위에, 내 영혼을 싣고,
천국으로 이끌어 가네!

2. Stehe still!

Sausendes, brausendes Rad der Zeit,
Messer du der Ewigkeit;
Leuchtende Sphären in weiten All,
Die ihr umringt den Weltenball;
Urewige Schöpfung, halte doch ein,
Genug des Werdens, laß mich sein!

Halte an dich, zeugende Kraft,
Urgedanke, der ewig schafft!
Hemmet den Atem, stillet den Drang,
Schweigend nur eine Sekunde lang!
Schwellende Pulse, fesselt den Schlag;
Ende, des Wollens ewger Tag!

Daß in selig süßem Vergessen
Ich mög alle Wonne ermessen!
Wenn Auge in Auge wonnig trinken,
Seele ganz in Seele versinken;
Wesen in Wesen sich wiederfindet,
Und alles Hoffens Ende sich kündet,
Die Lippe verstummt in staunendem Schweigen,
Keinen Wunsch mehr will das Innre zeugen:
Erkennt der Mensch des Ewgen Spur,
Und löst dein Rätsel, heilge Natur!

2. 조용히 멈추어라!

큰 소리내며 돌아가는 시간의 바퀴,
그대 영원의 측량자여,
이 지구를 에워싸고 있는
광활한 우주의 빛나는 영역이여,
영원한 창조여, 조용히 멈추어라!
충분히 만들어졌으니, 나를 있게 하라!

억제하라, 생산하는 힘이여,
영원히 창조하는 근원적 사고여!
숨을 죽이고, 충동을 달래어라,
단 일순간이라도 잠잠하게!
뛰어오르는 맥박이여, 박동을 동여매고,
끝내어라, 의지의 영원한 날이여!

복되고 달콤한 망각 속에서
나는 모든 환희를 알고 싶도다!
눈과 눈이 마주쳐 기쁨으로 마실 때,
영혼이 영혼 속에 완전히 침잠할 때
존재와 존재가 서로 다시 만날 때,
모든 희망의 끝이 나타날 때,
놀란 입술은 말없이 침묵하고,
마음속엔 더 이상 바람이 없네.
인간이 영원의 흔적을 알게 되었으니
그대의 비밀을 풀어라, 성스러운 자연이여!

3. Im Treibhaus

(Studie zu Tristan und Isolde)

Hochgewölbte Blätterkronen,
Baldachine von Smaragd,
Kinder ihr aus fernen Zonen,
Saget mir, warum ihr klagt?

Schweigend neiget ihr die Zweige,
Malet Zeichen in die Luft,
Und der Leiden stummer Zeuge
Steiget aufwärts, süßer Duft.

Weit in sehnendem Verlangen
Breitet ihr die Arme aus,
Und umschlinget wahnbefangen
Öder Leere nichtgen Graus.

Wohl, ich weiß es, arme Pflanze;
Ein Geschicke teilen wir,
Ob umstrahlt von Licht und Glanze,
Unsre Heimat ist nicht hier!

Und wie froh die Sonne scheidet
Von des Tages leerem Schein,
Hüllet der, der wahrhaft leidet,
Sich in Schweigens Dunkel ein.

3. 온실에서

('트리스탄과 이졸데'를 위한 습작)

아치 모양의 높다란 나뭇잎 왕관,
에메랄드 빛 차양,
먼 곳에서 온 아이들아,
말해 보아라, 왜 탄식하는지?

말없이 가지들을 기울여,
허공에 무언가를 그리고 있네,
그리고 말없이 고뇌하는 증거가
달콤한 향기되어 위로 올라가네.

너희는 그리움의 욕망으로
팔을 넓게 벌리고
망상에 빠져 끌어안고 있구나,
쓸쓸한 공허의 헛된 두려움을.

그래, 나도 알지, 가엾은 식물들,
우린 정말 같은 운명이구나.
빛과 광채가 주위에서 빛나도
우리의 고향은 여기가 아니란다!

태양이 즐겁게 낮에 비추던
공허한 빛을 거두어들일 때,
진정으로 고뇌하는 사람은
침묵의 어둠 속에 휩싸이네.

Stille wird's, ein säuselnd Weben
Füllet bang den dunklen Raum:
Schwere Tropfen seh ich schweben
An der Blätter grünem Saum.

고요해지고, 살랑거리는 소리가
불안스레 어두운 공간을 채우면,
나는 푸르른 잎새 끝에
물방울 가득 달린 것을 보네.

4. Schmerzen

Sonne, weinest jeden Abend
Dir die schönen Augen rot,
Wenn im Meeresspiegel badend
Dich erreicht der frühe Tod!

Doch erstehst in alter Pracht,
Glorie der düstren Welt,
Du am Morgen neu erwacht,
Wie ein stolzer Siegesheld!

Ach, wie sollte ich da klagen,
Wie, mein Herz, so schwer dich sehn,
Muß die Sonne selbst verzagen,
Muß die Sonne untergehn?

Und gebieret Tod nur Leben,
Geben Schmerzen Wonne nur:
O wie dank' ich, daß gegeben
Solche Schmerzen mir Natur!

4. 고통

태양아, 너는 저녁이면
고운 눈이 붉어지도록 우는구나.
바다 거울에 몸을 담그며
때 이른 죽음이 다가오기에!

하지만 화려한 옛 모습으로,
황량한 세계의 영광으로,
아침에 너는 다시 깨어나
자랑스런 승리자처럼 부활하도다!

아, 왜 내 탄식해야 한단 말인가,
왜 내 마음이 너를 우울하게 바라보나?
태양이 스스로 절망하여,
저물어야 하지 않는가?

죽음만이 새로운 삶을 잉태하며
고통만이 환희를 주는 것이거늘.
오 고마워라, 자연이 나에게
그러한 고통을 주었도다!

5. Träume

(Studie zu Tristan und Isolde)

Sag, welch wunderbare Träume
Halten meinen Sinn umfangen,
Daß sie nicht wie leere Schäume
Sind in ödes Nichts vergangen?

Träume, die in jeder Stunde,
Jedem Tage schöner blühn,
Und mit ihrer Himmelskunde
Selig durchs Gemüte ziehn!

Träume, die wie hehre Strahlen
In die Seele sich versenken,
Dort ein ewig Bild zu malen:
Allvegessen, Eingedenken!

Träume, wie wenn Frühlingssonne
Aus dem Schnee die Blüten küßt,
Daß zu nie geahnter Wonne
Sie der neue Tag begrüßt,

Daß sie wachsen, daß sie blühen,
Träumend spenden ihren Duft,
Sanft an deiner Brust verglühen,
Und dann sinken in die Gruft.

5. 꿈

('트리스탄과 이졸데'를 위한 습작)

말하라, 어떤 놀라운 꿈들이
나의 마음을 사로잡은 것인지?
공허한 거품처럼 헛된 것으로
사라지지 않는 그 꿈들.

시간이 갈수록, 날이 갈수록
더 아름답게 피어나며,
하늘의 소식과 함께 복되게
내 마음을 스쳐가는 꿈들!

숭고한 광선처럼
영혼 깊이 들어와서는,
영원한 이미지를 그려놓은 꿈들!
모든 것의 망각과 기억을.

마치 봄날의 태양이
눈 속에서 핀 꽃들에 입맞추듯,
새로운 날이 예기치 않은 기쁨으로
이 꿈들을 반겨주네,

꿈들은 자라나고 꽃을 피워
꿈결 같은 향기를 내뿜다가,
그대의 가슴에서 소리 없이 시들어가네,
그리고 무덤 속으로 내려앉는다.

12

구스타프 말러 (1901~04) 曲

죽은 아이를 그리는 노래

프리드리히 뤼케르트 詩

프리드리히 뤼케르트

Friedrich Rückert, 1788-1866

뤼케르트는 프랑켄 슈바인푸르트 지방 출신의 동양학자이면서 시인으로서 다작의 시를 남겼다. 그는 애국시인으로 출발하여 해방전쟁 시기인 1814년에는 프라이문트 라이마르 Freimund Reimar라는 별명으로 『독일 시 Deutsche Gedichte』를 발표한다. 그 안에 들어있는 민족주의적 애국시 '무장한 소네트 Geharnischte Sonette'가 주목을 받는다. 1815년에는 편집자로서 슈투트가르트로 이주했고, 1826년에는 에어랑겐에서, 1841년에는 베를린에서 동양어 교수로 근무했다. 1848년 이후에는 코부르크에 있는 영지에서 살았다. 그는 연애시, 아동시, 가정시를 남겼는데, 자신의 언어적 재능을 보여주기 위하여 낡은 형식과 공허한 운율, 기법의 유희를 사용하기도 한다. 인도의 인생관을 모방하여 생의 체험을 나타낸 방대한 교훈시 『브라만의 지혜 Die Weisheit des Brahmanen (1836-39)』에는 알렉산더 시행으로 된 약 3000개의 교훈이 수록되어 있다. 특히 괴테는 동양고대문학을 본떠서 시의 형식미를 추구한 『동양의 장미 Oestliche Rosen』를 칭찬하였다.

그는 해박한 어학 지식으로 동양시를 번역하고 개작하면서, 모든 민족과 시대에 공통으로 있는 만고무변의 진리를 영원히 변치않는 현재성으로 끌어들이려고 했다. 가이벨, 샤크 백작, 보텐슈테트 등은 뤼케르트의 이러한 방식의 영향을 받았다.

슈베르트는 뤼케르트의 시 '그대는 안식 Du bist die Ruhe', '웃음과 울음 Lachen und Weinen', '그녀가 여기 있었네 Daß sie hier gewesen', '노인의 노래 Greisengesang', '잘 오셨어요 Sei mir gegrüßt'를, 슈만은 '아름다움 때문에 사랑한다면 Liebst du um Schönheit', '봉헌 Widmung', '하늘이 눈물 흘렸네 Der Himmel hat eine Träne geweint', '눈 종 Schneeglöckchen', '태양이 저렇게 빛나다니 So wahr die Sonne scheinet'를, 구스타프 말러는 '잔잔한 향기를 마셨네 Ich atmet' einen linden Duft', '나 세상 버리고 떠났네 Ich bin der Welt abhanden gekommen', '아름다움 때문에 사랑한다면 Liebst du um Schönheit', '한 밤중에 Um Mittenacht' 등을 작곡하였다.

그는 자식을 잃은 슬픔을 수많은 시들에 담기도 했는데 이 시들은 사후에 출간되었으며, 그 중 다섯 편의 시에 구스타프 말러가 『죽은 아이를 그리는 노래 Kindertotenlieder』라는 제목으로 곡을 붙인 것이 유명하다.

I

Nun will die Sonn' so hell aufgehn,
Als sei kein Unglück die Nacht geschehn.
Das Unglück geschah nur mir allein,
Die Sonne, sie scheinet allgemein.
Du mußt nicht die Nacht in dir verschränken,
Mußt sie ins ewige Licht versenken.
Ein Lämplein verlosch in meinem Zelt,
Heil sei dem Freudenlicht der Welt!

1

이제 태양은 저토록 밝게 떠오르려 하네,
간밤에 아무런 불행도 없었던 것처럼.
불행은 나에게만 일어났지만,
태양은 모두를 비추지.
밤을 네 마음속에 가두어선 안돼,
영원한 빛 속에 침잠시켜야 하지.
내 천막에 작은 등불은 꺼졌구나,
세상에 기쁨 주는 빛에게 축복 있기를!

2

Nun seh ich wohl, warum so dunkle Flammen
Ihr sprühtet mir in manchem Augenblicke,
O Augen!
Gleichsam um voll in einem Blicke
Zu drängen eure ganze Macht zusammen.
Doch ahnt ich nicht, weil Nebel mich umschwammen,
Gewoben vom verblendenden Geschicke,
Daß sich der Strahl bereits zur Heimkehr schicke,
Dorthin, von wannen alle Strahlen stammen.
Ihr wolltet mir mit eurem Leuchten sagen:
Wir möchten nah dir bleiben gerne,
Doch ist uns das vom Schicksal abgeschlagen.
Sieh uns nur an, denn bald sind wir dir ferne!
Was dir nur Augen sind in diesen Tagen,
In künftigen Nächten sind es dir nur Sterne.

2

이제야 내 알겠네, 너희가 왜 많은 순간마다
나에게 그토록 어두운 불길을 비췄는지를,
오 그 두 눈!
마치 한 시선 속으로
너희의 온 힘을 모으려는 듯이.
하지만 난 몰랐네, 안개에 에워싸이고,
날 속이는 운명에 얽매여서,
그 빛줄기가 이미 고향으로 향하고 있음을,
그 곳으로, 모든 빛들을 발했던 곳으로.
너희는 그 빛으로 말하려 했지.
우리도 당신 가까이 머무르고 싶어요.
하지만 운명이 우리를 거절했네.
우리를 잘 보세요, 곧 멀리 당신을 떠나니까요!
지금 당신에게 보이는 우리 눈은,
훗날 밤마다 빛나는 별이 될 거예요.

3

Wenn dein Mütterlein
Tritt zur Tür herein
Und den Kopf ich drehe,
Ihr entgegensehe,
Fällt auf ihr Gesicht
Erst der Blick mir nicht,
Sondern auf die Stelle
Näher nach der Schwelle,
Dort wo würde dein
Lieb Gesichtchen sein,
Wenn du freudenhelle
Trätest mit herein
Wie sonst, mein Töchterlein.

Wenn dein Mütterlein
Tritt zur Tür herein
Mit der Kerze Schimmer,
Ist es mir, als immer
Kämst du mit herein,
Huschtest hinterdrein
Als wie sonst ins Zimmer

O du, des Vaters Zelle
Ach zu schnelle
Erloschner Freudenschein!

3

네 엄마가
문을 열고 들어설 때,
내 고개 돌려
엄마를 바라보지만,
내 눈길은 먼저
엄마 얼굴보다는
문지방 바로
뒤로 향하게 되네.
너의 귀여운 조그만 얼굴이
나타날 것 같은 그곳을,
네가 기뻐서 환하게
함께 들어올 것 같아서,
여느 때처럼, 귀여운 내 딸아.

네 엄마가
촛불을 밝히고
문을 열고 들어올 때마다,
마치 네가 뒤따라
들어올 것만 같구나,
예전처럼 재빠르게 뒤따라서
방 안으로 들어오듯이.

오 너는 아빠 방에서
아, 너무 일찍 꺼져버린
기쁨의 빛이었지!

4

Oft denk ich, sie sind nur ausgegangen!
Bald werden sie wieder nach Hause gelangen!
Der Tag ist schön! O sei nicht bang!
Sie machen nur einen weiten Gang.
Ja wohl, sie sind nur ausgegangen
Und werden jetzt nach Hause gelangen.
O sei nicht bang, der Tag ist schön!
Sie machen nur den Gang zu jenen Höhn!
Sie sind uns nur vorausgegangen
Und werden nicht wieder nach Haus verlangen!
Wir holen sie ein auf jenen Höhn im Sonnenschein!
Der Tag ist schön auf jenen Höhn!

4

때때로 나 생각하오, 애들은 외출했을 뿐이라고!
곧 다시 집으로 돌아올 거라고!
참 아름다운 날이구나! 오 걱정하지 말아요!
애들은 좀 멀리 갔을 뿐이오.
그래, 애들은 그저 외출한 거야.
이제 집에 도착할 거요.
오 걱정하지 말아요, 참 아름다운 날이잖소!
애들은 저 언덕으로 간 것이라오!
단지 우리보다 앞서 가서,
집에 돌아오려고 하지 않을 뿐이라오!
햇빛 비치는 저곳에서 만나게 될 거요!
저 언덕 위에 날은 참 아름답구료!

5

In diesem Wetter, in diesem Braus,
Nie hätt ich gesendet die Kinder hinaus;
Man hat sie hinaus getragen,
Ich durfte nichts dazu sagen.
In diesem Wetter, in diesem Saus,
Nie hätt ich gelassen die Kinder hinaus,
Ich fürchtete, sie erkranken,
Das sind nun eitle Gedanken.
In diesem Wetter, in diesem Graus,
Nie hätt ich gelassen die Kinder hinaus,
Ich sorgte, sie stürben morgen,
Das ist nun nicht zu besorgen.
In diesem Wetter, in diesem Saus, in diesem Braus,
Sie ruhn als wie in der Muttter Haus.
Von keinem Sturme erschrecket,
Von Gottes Hand bedecket.
Sie ruhn, sie ruhn als wie in der Mutter Haus.

5

이런 날씨에, 이렇게 사나운 날,
애들을 내보내지 말 것을.
애들이 밖으로 나갔지만,
나는 한마디도 할 수 없었어.
이런 날씨에, 이런 바람에
애들을 내보내지 말 것을.
나는 애들이 병이 날까 두려웠는데
그것은 이제 다 부질없는 생각.
이런 날씨에, 이렇게 무서운 날씨에
애들을 내보내지 말 것을.
나는 애들이 내일 죽을까봐 걱정했는데,
그것은 이젠 근심할 일 아니지.
이런 날씨에, 이런 바람에, 이렇게 사나운 날,
애들은 어머니 집에 있는 것처럼 쉬고 있네,
폭풍이 몰아쳐도 놀라지 않고
하나님 손의 보살핌으로.
애들은 쉬고 있네, 어머니 집에 있는 것처럼.

13

파울 힐데미트 (1922/23) 曲

Op.27 Nr.1–15

마리아의 생애

라이너 마리아 릴케 詩

—

마리아의 탄생 Geburt Mariae

성전 안의 마리아 모습 Die Darstellung Mariae im Tempel

마리아 축일 Mariae Verkündigung

마리아의 강림축일 Mariae Heimsuchung

요셉의 불신 Argwohn Josephs

목동에게 알림 Verkündigung über den Hirten

그리스도의 탄생 Geburt Christi

애굽으로 도망 중에 휴식 Rast auf der Flucht in Ägypten

가나의 혼인잔치Von der Hochzeit zu Kana

고난 받으시기 전 Vor der Passion

피에타 Pietà

부활하신 분에 대한 마리아의 위로 Stillung Mariae mit dem Auferstandenen

마리아의 죽음(I) Vom Tode Mariae I

마리아의 죽음(II) Vom Tode Mariae II

마리아의 죽음(III) Vom Tode Mariae III

라이너 마리아 릴케

Rainer Maria Rilke, 1875-1926

릴케는 체코의 프라하에서 철도직원의 아들로 태어났다. 가정의 불화로 그는 어미니의 교육을 받고 자란다. 군사학교에 들어갔으나, 엄한 규율을 감당하지 못하고 그만둔다. 프라하 대학을 다니면서 그는 시를 쓰기 시작한다. 1896년부터 뮌헨대학에 2학기를 다니다가 베를린으로 간다. 그리고 곧 방랑의 길을 떠나게 된다. 그 때부터 그는 자유문인으로 살 것을 결심한다. 1898년에 이탈리아 여행을 하고 나서, 그는 1899년과 1900년에 두 차례의 러시아 여행을 한다. 러시아에서 돌아와 브레멘 교외인 보릅스베데에서 여류조각가 클라라 베스트호프를 알게 되어, 1901년에 그녀와 결혼한다. 1902년에는 파리에서 조각가 로댕의 비서를 지내고, 1910년에는 아드리아 해변에 있는 두이노 (Duino)에서 여자 성주 마리아 폰 투른의 손님으로 지낸다. 만년에는 스위스의 지더스 근교에 있는 무초트에서 살다가, 제네바 호수가에 있는 몬트로에서 세상을 떠났다.

릴케의 시는 종교적인 색채를 강하게 띠고 있다. 신비적인 시각으로 사물을 관조하는 『형상시집 Das Buch der Bilder』, 서구의 기계문명에 가려진 신의 정체가 러시아의 신비적인 대지에 서려있음을 노래하는 『기도집 Stundenbuch』이 그러한 경향을 보인다. 그리고 로댕의 조각예술의 영향을 받아 사물을 관조하고 있는 『신시집 Neue Gedichte』을 거쳐, 1923년의 『오르페우스에게 부치는 소네트 Die Sonette an Orpheus』에서 음악성을 바탕으로 한 새로운 시 형식을 보인다. 같은 해에 쓰이 『두이노의 비가 Duineser Elegien』에서는 신비주의적인 환상이 더 한층 강화된다.

릴케는 두이노 성에서 『두이노의 비가 Duineser Elegien』를 마치기 전에 연작시 『마리아의 생애 Das Marien-Leben』를 썼다. 이 연작시 중 그는 6번째 시 '목동에게 고함 Verkündigung über den Hirten'과 8번째 시 '애굽으로 도망 중에 휴식 Rast auf der Flucht in Aegyten'을 먼저 썼다. 두이노 성에서 그는 교회 화가를 위한 지침서인 한 책에서 "내면 속의 폭풍"이라는 모토가 들어있는 시를 발견하게 되는데, 이 시는 성스러운 요셉에 관한 시였다. 이 시와 연관지어 쓴 시가 이 연작시의 5번째 시 '요셉의 불신 Argwohn Josephs'이다.

1922년 1월 6일 시쪼 Sizzo 백작부인에게 보낸 릴케의 편지에서 나타나듯이, 이 연작시의 세부적인 것과 이미지 배열은 릴케 자신의 독창적인 것이라기보다는 여러 성화(聖畵)에서 수용한 것이다. 예를 들어 성전을 올라가는 마리아의 모습은 이탈리아 화가 티치안의 성화를 기억나게 한다. 하지만 이 연작시는 이러한 수용으로만 이루어진 것은 아니다. 릴케는 기독교적 믿음의 내용을 부분적으로는 새롭게 형상화시키고 있다. 특히 이 연작시의 앞부분이 그러한 점을 잘 보여준다.

I. Geburt Mariae

O was muß es die Engel gekostet haben,
nicht aufzusingen plötzlich, wie man aufweint,
da sie doch wußten: in dieser Nacht wird dem Knaben
die Mutter geboren, dem Einen, der bald erscheint.

Schwingend verschwiegen sie sich und zeigten die Richtung,
wo, allein, das Gehöft lag des Joachim,
ach, sie fühlten in sich und im Raum die reine Verdichtung,
aber es durfte keiner nieder zu ihm.

Denn die beiden waren schon so außer sich vor Getue.
Eine Nachbarin kam und klugte und wußte nicht wie,
und der Alte, vorsichtig, ging und verhielt das Gemuhe
einer dunkelen Kuh. Denn so war es noch nie.

1. 마리아의 탄생

오 천사들이 갑자기 노래를 부르지
않아야 했었는데, 갑작스레 울음을 터트리듯이.
하지만 그들은 알았네, 이 밤에 그 어머니에게서
한 아이가 태어난 것을, 곧 나타날 그 분이.

날갯짓하면서 그들은 침묵하며, 그 방향 가리켰네,
요셉의 농가가 홀로 있는 곳을,
아, 그들 스스로 느꼈네, 그곳을 덮고 있는 분위기를.
하지만 누구도 요셉에게로 가선 안 되었네.

두 사람 바쁜 나머지 정신이 없었기에,
이웃 여자가 와서, 아는 체 말했지만, 알 길이 없네.
그 늙은이 조심스럽게 가서 검은 소의 울음소리
진정시켰네. 그런 소리 아직 듣지 못했기에.

2. Die Darstellung Mariae im Tempel

Um zu begreifen, wie sie damals war,
mußt du dich erst an eine Stelle rufen,
wo Säulen in dir wirken; wo du Stufen
nachfühlen kannst; wo Bogen voll Gefahr
den Abgrund eines Raumes überbrücken,
der in dir blieb, weil er aus solchen Stücken
getürmt war, daß du sie nicht mehr aus dir
ausheben kannst: du rissest dich denn ein.
Bist du so weit, ist alles in dir Stein,
Wand, Aufgang, Durchblick, Wölbung -, so probier
den großen Vorhang, den du vor dir hast,
ein wenig wegzuzerrn mit beiden Händen:
da glänzt es von ganz hohen Gegenständen
und übertrifft dir Atem und Getast.
Hinauf, hinab, Palast steht auf Palast,
Geländer strömen breiter aus Geländern
und tauchen oben auf an solchen Rändern,
daß dich, wie du sie siehst, der Schwindel faßt.
Dabei macht ein Gewölk aus Räucherständern
die Nähe trüb; aber das Fernste zielt
in dich hinein mit seinen graden Strahlen -,
und wenn jetzt Schein aus klaren Flammenschalen
auf langsam nahenden Gewändern spielt:
wie hältst du's aus?

2. 성전 안의 마리아 모습

그 당시 그녀의 모습을 알기 위해,
그대 우선 한 곳으로 가야 하리,
기둥들이 그대 마음을 끄는 곳, 그대가 계단을
모방해 만들 수 있는 곳, 한 공간의 나락이
위험스레 궁형으로 다리 놓인 곳,
그 안에 그대 있었네, 그곳 그러한 부분으로
쌓아져 있기에. 그대 마음에서 그것을
꺼낼 수 없도록. 그대가 허물어지기에.
그대 멀리 있어서, 마음속에 있는 것이 돌,
벽, 떠오름, 바라봄, 둥근 아치 모양의 것이라면,
그대 앞에 놓여있는 커다란 장막을 조사해 보게.
양손으로 약간 잡아당기자,
드높은 사물들이 빛을 발하네,
숨쉬기 힘들고 매만지나 느낌이 없구나.
위로, 아래로, 궁궐 위에 궁궐이 있도다.
난간이 난간에서 넓게 뻗쳐나와
그 가장자리에서 위로 떠오르네.
그대 그것을 볼 때, 현기증이 나겠지.
그때 향로에서 연기가 나와,
주위를 흐리게 하지만, 가장 먼 것이
곧바른 빛으로 그대 안으로 들어오네,
이제 그 빛이 밝은 불꽃 접시에서 나와
천천히 다가오는 사람들의 의복 위에 노닐면,
그대 어떻게 견뎌낼 수 있겠나?

Sie aber kam und hob
den Blick, um diese alles anzuschauen.
(Ein Kind, ein kleines Mädchen zwischen Frauen.)
Dann stieg sie ruhig, voller Selbstvertrauen,
dem Aufwand zu, der sich verwöhnt verschob:
So sehr war alles, was die Menschen bauen,
schon überwogen von dem Lob

in ihrem Herzen. Vor der Lust
sich hinzugeben an die innern Zeichen :
Die Eltern meinten, sie hinaufzureichen,
der Drohende mit der Juwelenbrust
empfing sie scheinbar: Doch sie ging durch alle,
klein wie sie war, aus jeder Hand hinaus
und in ihr Los, das, höher als die Halle,
schon fertig war, und schwerer als das Haus.

그러나 그녀가 와서 이 모든 것을
살펴보려고 쳐다보네.
(한 아이, 여인들 사이의 한 소녀.)
그러고 나서 그녀, 자신감에 가득 차, 통상
위치가 바뀌는 길을 올라가는구나.
인간이 짓는 모든 것이 그렇게,
찬양으로만 넘쳐나는구나,

그녀의 마음속에서. 기뻐하며
내면의 표징에 푹 빠지네.
부모는 그녀를 하늘로 올려주고 있다고 생각하지.
보석 가슴을 한 위협적인 자가 그녀를 맞이하는 것
같았네. 하지만 그녀는 모든 사람 사이로 가네.
예전처럼 귀엽게, 내미는 손들을 지나쳐,
그 홀보다도 높게, 그 집보다 더 육중하게,
이미 마련된 그녀의 영역으로.

3. Mariae Verkündigung

Nicht daß ein Engel eintrat (das erkenn),
erschreckte sie. Sowenig andre, wenn
ein Sonnenstrahl oder der Mond bei Nacht
in ihrem Zimmer sich zu schaffen macht,
auffahren -, pflegte sie an der Gestalt,
in der ein Engel ging, sich zu entrüsten;
sie ahnte kaum, daß dieser Aufenthalt
mühsam für Engel ist. (O wenn wir wüßten,
wie rein sie war. Hat eine Hirschkuh nicht,
die, liegend, einmal sie im Wald eräugte,
sich so in sie versehn, daß sich in ihr,
ganz ohne Paarigen, das Einhorn zeugte,
das Tier aus Licht, das reine Tier -.)
Nicht, daß er eintrat, aber daß er dicht,
der Engel, eines Jünglings Angesicht
so zu ihr neigte; daß sein Blick und der,
mit dem sie aufsah, so zusammenschlugen
als wäre draußen plötzlich alles leer
und, was Millionen schauten, trieben, trugen,
hineingedrängt in sie: nur sie und er;
Schaun und Geschautes, Aug und Augenweide
sonst nirgends als an dieser Stelle-: sieh,
dieses erschreckt. Und sie erschraken beide.

Dann sang der Engel seine Melodie.

3. 마리아 축일

천사가 들어와 (그것을 알았기에)
그녀가 놀란 것이 아니었네. 햇빛이나
밤의 달이 그녀 방에서 노닐면,
아무리 다른 천사들이 올라오지
않는다하더라도, 천사의 형상에 그녀 화를 내곤 했네.
그녀는 자신의 머무름이 천사에게 피곤한
일이라는 걸 예감치 못했네. (오 우리가 알았더라면,
그녀의 순결함을. 이전에 숲 속에 누워서
그녀를 눈으로 알아차렸던 암사슴이,
그녀를 곰곰이 생각하면서, 교배 없이,
일각수를 낳지 않았다면,
빛에서 나온 짐승인, 순수한 그 짐승을.)
천사가 들어와서가 아니라, 젊은이의
얼굴을 한 그 천사가
그녀를 너무 좋아한 것이, 그의 눈빛과
그녀가 주목한 그가 하나가 된 것이,
마치 밖의 모든 것이 갑자기 공허한 것처럼,
그래서 수많은 사람들이 바라보고, 밀며, 짐을 지고,
그녀 안으로 몰려왔네. 다만 그녀와 그.
바라봄과 보임, 눈과 눈요기
다른 어떤 곳도 이곳 같지는 않으리. 보아라,
그것은 놀라운 일이었네. 그리고 두 사람 모두 놀랐네.

그러자 그 천사는 노래 가락을 울렸네.

4. Mariae Heimsuchung

Noch erging sie's leicht im Anbeginne,
doch im Steigen manchmal ward sie schon
ihres wunderbaren Leibes inne, -
und dann stand sie, atmend, auf den hohn

Judenbergen. Aber nicht das Land,
ihre Fülle war um sie gebreitet;
gehend fühlte sie: man überschreitet
nie die Größe, die sie jetzt empfand.

Und es drängte sie, die Hand zu legen
auf den andern Leib, der weiter war.
Und die Frauen schwankten sich entgegen
und berührten sich Gewand und Haar.

Jede, voll von ihrem Heiligtume,
schützte sich mit der Gevatterin.
Ach der Heiland in ihr war noch Blume,
doch den Täufer in dem Schooß der Muhme
riß die Freude schon zum Hüpfen hin.

4. 마리아의 강림축일

처음부터 그녀가 그것을 가볍게 받아들였네.
하지만 승천하면서 그녀는 자주
자신의 몸의 놀라움을 알고 있었네.
그녀는 숨을 내쉬며 서 있었네, 높은

유대 산 위에서. 하지만 넓게 펼쳐지는 건
땅이 아니라, 그녀의 몸이었네. 그녀는
걸어가면서 느꼈네, 자신이 지금 감지하는
그 위대함을 누구도 능가할 수 없음을.

그래서 그녀는 다른 몸 위에 손을 얹지
않을 수 없었네, 점점 넓어지는 그 몸에.
여인네들은 서로 망설이며,
옷자락과 머리를 만졌네.

그녀의 성스러움에 가득 차, 모두들
대모와 함께 보호받았네.
아 그녀 안의 구세주는 아직은 꽃이라네.
하지만 친척의 모태에 있는 세례자는
벌써 기뻐하며 힘차게 뛰노네.

5. Argwohn Josephs

Und der Engel sprach und gab sich Müh
an dem Mann, der seine Fäuste ballte:
Aber siehst du nicht an jeder Falte,
daß sie kühl ist wie die Gottesfrüh.

Doch der andre sah ihn finster an,
murmelnd nur: Was hat sie so verwandelt?
Doch da schrie der Engel: Zimmermann,
merkst du's noch nicht, daß der Herrgott handelt?

Weit du Bretter machst, in deinem Stolze,
willst du wirklich den zu Rede stelln,
der bescheiden aus dem gleichen Holze
Blätter treiben macht und Knospen schwelln?

Er begriff. Und wie er jetzt die Blicke,
recht erschrocken, zu dem Engel hob,
war der fort. Da schob er seine dicke
Mütze langsam ab. Dann sang er lob.

5. 요셉의 불신

천사가 말하며, 주먹을 움켜 쥔
그 사람을 타일렀네.
하지만 그대 주름에서 보지 못하느뇨,
그 주먹 태초의 하나님의 아침만큼 차가움을.

하지만 그 사람 수상스레 천사를 보며,
다만 중얼거렸네. 무엇이 그녀를 변화시켰지?
그러자 그 천사 외쳤네. 목수여,
그대 알지 못하느뇨, 하나님께서 행하심을?

그대가 나무판자를 만든다고, 자만스레,
그 분에게 해명을 요구하려느냐?
겸손히 같은 나무에서
꽃 피우며, 봉우리 돋우시는 그 분에게.

그는 알았네. 이제 아주 놀라,
그의 눈빛 천사에게로 향하자,
그 천사 가버렸네. 그러자 그는 두꺼운 모자
천천히 벗어들고, 찬양의 노래 불렀네.

6. Verkündigung über den Hirten

Seht auf, ihr Männer. Männer dort am Feuer,
die ihr den grenzenlosen Himmel kennt,
Sterndeuter, hierher! Seht, ich bin ein neuer
steigender Stern. Mein ganzes Wesen brennt
und strahlt so stark und ist so ungeheuer
voll Licht, daß mir das tiefe Firmament
nicht mehr genügt. Laßt meinen Glanz hinein
in euer Dasein: Oh, die dunklen Blicke,
die dunklen Herzen, nächtige Geschicke
die euch erfüllen. Hirten, wie allein
bin ich in euch. Auf einmal wird mir Raum.
Stauntet ihr nicht: der große Brotfruchtbaum
warf einen Schatten. Ja, das kam von mir.
Ihr Unerschrockenen, o wüßtet ihr,
wie jetzt auf eurem schauenden Gesichte
die Zukunft scheint. In diesem starken Lichte
wird viel geschehen. Euch vertrau ichs, denn
ihr seid verschwiegen; euch Gradgläubigen
redet hier alles. Glut und Regen spricht,
der Vögel Zug, der Wind und was ihr seid,
keins überwiegt und wächst zur Eitelkeit
sich mästend an. Ihr haltet nicht
die Dinge auf im Zwischenraum der Brust
um sie zu quälen. So wie seine Lust
durch einen Engel strömt, so treibt durch euch
das Irdische. Und wenn ein Dorngesträuch
aufflammte plötzlich, dürfte noch aus ihm

6. 목동에게 알림

바라보아라, 너희들, 저기 불가에 있는 자들아,
끝없는 하늘을 아는 너희들,
점성가들아, 이리로! 보아라, 나는 새로이
떠오르는 별이노라. 내 본체는 불타서
강한 빛을 발하며, 엄청난 빛으로
가득하노라, 저 깊은 창공도 나에겐
충분하지 않노라. 내 광채를 너희들
생명 속에 담아 두어라. 그 생명, 오, 어두운 빛,
어두운 마음이며, 너희들을 가득 채운
밤의 운명이니. 목동들 가운데
나 홀로 있구나. 갑자기 나 공간에 충만하노라.
너희들 놀라지 않구나. 저 큰 콩 나무가
그림자를 드리우는구나. 그래, 그것은 내 것이었지.
너희, 놀라지 않는 자들, 오 너희들은 알지니,
지금 쳐다보는 너희 얼굴에 미래가
밝게 빛나고 있음을. 이 강한 빛 속에서
많은 일이 일어나리라. 내 너희들에게 말하노라,
너희들 침묵을 지키기에. 너희 고지식한 믿음아,
여기서 모든 것을 말하라. 불타오름, 비가 말한다.
새들의 행렬, 바람과 너희 자신들 중,
어느 것도 나은 것 없이, 허황되게
살찌우며 자라나고 있음을. 너희들은
이러한 것을 아무런 부담 없이
마음 한 가운데 담아두고 있구나. 천사에게
기쁨이 흘러넘치듯, 그렇게 너희에겐
이 땅의 것이 요동치는구나. 가시덤불이
갑자기 불타오를 때, 여전히 그 속에서

der Ewige euch rufen, Cherubim,
wenn sie geruhten neben eurer Herde
einherzuschreiten, wunderten euch nicht:
ihr stürztet euch auf euer Angesicht,
betetet an und nenntet dies die Erde.

Doch dieses war. Nun soll ein Neues sein,
von dem der Erdkreis ringender sich weiter.
Was ist ein Dörnicht uns: Gott fühlt sich ein
in einer Jungfrau Schooß. Ich bin der Schein
von ihrer Innigkeit, der euch geleitet.

영원한 자, 게루빔이 너희들을 부를 것이다.
천사들이 너희들 화로 곁으로 큰 걸음으로
올 때, 너희를 놀라게 하지 않았지.
너희들은 얼굴을 몸에 파묻고,
경배하며, 이를 땅이라 부르네.

하지만 그런 일을 지나갔네. 이제 새로운 것이어야 하지,
전 세계를 고심하며 넓히는 새로운 것이.
가시덤불은 우리에게 무엇인가. 주님도 동정녀의
모태에서 같이 느끼시네. 내 너희 마음의
빛이노라. 너희를 인도하는 빛.

7. Geburt Christi

Hättest du der Einfalt nict, wie sollte
dir geschehn, was jetzt die Nacht erhellt?
Sieh, der Gott, der über Völkern grollte,
macht sich mild und kommt in dir zur Welt.

Hast du dir ihn größer vorgestellt?

Was ist Größe? Quer durch alle Maße,
die er durchstreicht, geht sein grades Los.
Selbst ein Stern hat keine solche Straße.
Siehst du, diese Könige sind groß,

und sie schleppen dir vor deinen Schooß

Schätze, die sie für die größten halten,
und du staunst vielleicht bei dieser Gift -:
aber schau in deines Tuches Falten,
wie er jetzt schon alles übertrifft.

Aller Amber, den man weit verschifft,

jeder Goldschmuck und das Luftgewürze,
das sich trübend in die Sinne streut:
alles dieses war von rascher Kürze,
und am, Ende hat man es bereut.

Aber (du wirst sehen): Er erfreut.

7. 그리스도의 탄생

네가 순진하지 않으면, 이제 이 밤을
비추는 일이 어찌 네게 일어나겠나?
보아라, 민족들에게 화를 내셨던 하나님,
온화하게, 세상 네 마음속에 오시네.

너는 그 분의 위대하심을 생각했는가?

위대함이 무엇인가? 그 분의 영역은 자신이
지나가시는 모든 한도를 가로지르네.
별에도조차 그러한 길이 없도다.
너, 보느냐, 이 왕들의 고귀함을.

그 왕들 네 앞에서 끌고 있네,

가장 귀한 자기들의 보물을.
너는 아마 이 선물에 놀라겠지.
하지만 접혀진 네 강보 속을 바라보아라.
그분 이제 이미 모든 것보다 능가하심을.

멀리 배로 실어 나른 방향제,

모든 금장식과 박하 향료,
몽롱하게 마음속에 뿌려지네.
이 모든 것 금방 동이 나니,
마침내 사람들 그것을 후회하네.

그러나 (네가 알겠지만) 그 분은 기뻐하시네.

8. Rast auf der Flucht in Aegypten

Diese, die noch eben atemlos
flohen mitten aus dem Kindermorden:
o wie waren sie unmerklich groß
über ihrer Wanderschaft geworden.

Kaum noch daß im scheuen Rückwärtsschauen
ihres Schreckens Not zergangen war,
und schon brachten sie auf ihrem grauen
Maultier ganze Städte in Gefahr;

denn so wie sie, klein im großen Land,
- fast ein Nichts - den starken Tempeln nahten.
platzen alle Götzen wie verraten
und verloren völlig den Verstand.

Ist es denkbar, daß von ihrem Gange
alles so verzweifelt sich erbost?
und sie wurden vor sich selber bange,
nur das Kind war namenlos getrost.

Immerhin, sie mußten sich darüber
eine Weile setzen. Doch da ging -
sieh: der Baum, der still sie überhing,
wie ein Dienender zu ihnen über:

8. 애굽으로 도망 중 휴식

유아 살해가 진행되는 가운데
이제 막 도망 나온 이들.
오 그들 방랑길에서 어느새
고귀하게 되었네.

낙담해 뒤돌아볼 때도 그들 곤궁의
두려움이 가시지는 않았지만,
회색 나귀를 탄 그들 이미
전 도시를 위험에 빠뜨렸네.

위대한 나라에서 비천한 그들,
보잘 것 없었지만, 굳건한 성전에 다다랐네.
배반당한 듯 모든 우상을 부셔버린 그들,
제 정신이 아니었네.

그들의 행한 일에 모든 이들
그토록 화가 났단 말인가?
그들 스스로도 두려웠지만,
그 아이의 기쁨은 이루 말할 수 없었네.

그래도 그들 그 동안에도 잠시
쉬어야 했네. 그런데 그 때 일어난 일.
보아라, 그들 위로 말없이 뻗어 나온 저 나무,
시중들 듯 그들 위에 드리워져 있네.

er verneigte sich. Derselbe Baum,
dessen Kränze toten Pharaonen
für das Ewige die Stirnen schonen,
neigte sich. Er fühlte neue Kronen
blühen. Und sie saßen wie im Traum.

그 나무 머리 숙였네. 영원한 삶을 위해
죽은 파라오들의 이마를 보살폈던 바로 그 나무의
우듬지 몸을 기울였네. 새로운 우듬지를
돋게 한 듯. 그들 꿈속인 양 앉아 있었네.

9. Von der Hochzeit zu Kana

Konnte sie denn anders, als auf ihn
stolz sein, der ihr Schlichtestes verschönte?
War nicht selbst die hohe, großgewöhnte
Nacht wie außer sich, da er erschein?

Ging nicht auch, daß er sich einst verloren,
unerhöhrt zu seiner Glorie aus?
Hatten nicht die Weisesten die Ohren
mit dem Mund vertauscht? Und war das Haus

nicht wie neu von seiner Stimme? Ach
sicher hatte sie zu hundert Malen
ihre Freude an ihm auszustrahlen
sich verwehrt. Sie ging ihm staunend nach.

Aber da bei jenem Hochzeitsfeste,
als es unversehns an Wein gebrach, -
sah sie hin und bat um eine Geste
und begriff nicht, daß er widersprach.

Und dann tat er's. Sie verstand es später,
wie sie ihn in seinen Weg gedrängt:
denn jetzt war er wirklich Wundertäter,
und das ganze Opfer war verhängt,

9. 가나의 혼인잔치

그녀의 조촐함을 아름답게 하신 그 분을
자랑스레 여기지 않고는 견딜 수 없었으리라.
그 분이 나타나신 그 밤, 고귀하고 위대해서,
어쩔 줄 몰랐던 밤이 아니었던가?

그 분 한때 군중 속에 사라졌던 것도
그의 광대한 영광을 위한 것이 아닌가?
현자들도 들었던 것을 말로 표현하지
않았던가? 그리고 그 집도

그 분의 말씀에 새 집이 되지 않았던가?
아 그녀 그 분 곁에서는 넘치는
기쁨도 모두 나타내지 못하였네.
놀라워서 그 분에서 다 맡겼네.

하지만 그 결혼식에
어느새 포도주가 떨어졌을 때,
그녀 둘러보며 손짓했네.
그 분이 거부하신 것을 그들 알지 못했네.

그 분이 행하셨네. 나중에 그들 알아차렸네.
왜 그 분 가시는 길에 몰려들었던지를.
이제 그 분은 정녕 기묘자이시네.
모든 제물 다 내맡겨졌네.

unaufhaltsam. Ja, es stand geschrieben.
Aber war es damals schon bereit?
Sie: sie hatte es herbeigerieben
in der Blindheit ihrer Eitelkeit.

An dem Tisch voll Früchten und Gemüsen
freute sie sich mit und sah nicht ein,
daß das Wasser ihrer Tränendrüsen
Blut geworden war mit diesem Wein.

어쩔 수 없이. 그래, 그렇게 쓰여 있었지.
하지만 그 때 벌써 그 제물 준비되었던가?
그녀. 그녀 허영에 눈 어두워
그렇게 행하지 않았던가.

많은 과일과 야채가 놓인 식탁에서
그들 다같이 기뻐했지만, 눈물샘의
그 눈물이 포도주와 함께 피가
된 것은 알지 못했네.

10. Vor der Passion

O hast du dies gewollt, du hättest nicht
durch eines Weibes Leib entspringen dürfen:
Heilande muß man in den Bergen schürfen,
wo man das Harte aus dem Harten bricht.

Tut dirs nicht selber leid, dein liebes Tal
so zu verwüsten? Siehe meine Schwäche;
ich habe nichts als Milch- und Tränenbäche,
und du warst immer in der Überzahl.

Mit solchem Aufwand wardst du mir verheißen.
Was tratst du nicht gleich wild aus mir hinaus?
Wenn du nur Tiger brauchst, dich zu zerreißen,
warum erzog man mich im Frauenhaus,

ein weiches reines Kleid für dich zu weben,
darin nicht einmal die geringste Spur
von Naht dich drückt -: so war mein ganzes Leben,
und jetzt verkehrst du plötzlich die Natur.

10. 고난받으시기 전

오 당신은 이것을 원하셨나이까, 여인의
몸에서 태어나지 말아야 하셨을 것을.
산에서 구세주의 몸에 상처를 내다니,
사람들의 완악함을 깨트리는 곳에서.

당신 스스로 고통스럽지 않으셨나요? 사랑스런
계곡을 황폐시키는 것이. 나의 약함을 보소서.
나는 젖과 눈물 이외는 가진 것 없으나,
당신은 언제나 풍요로웠나이다.

그러한 풍성함으로 당신은 나에게 약속하였나이다.
왜 당신은 나에게서 노하셔서 떠나지 않았나이까?
당신이 몸을 찢으려 호랑이가 필요하시다면,
왜 나를 여인의 집에서 양육시켰나이까,

당신을 위해 부드럽고 순수한 옷을 짓도록.
그 옷엔 당신에게 걸리는 이음매 자국
하나 없으니. 나의 모든 삶도 그러하나이다.
이제 당신은 홀연히 제 마음을 변화시키십니다.

11. Pietà

Jetzt wird mein Elend voll, und namenlos
erfüllt es mich. Ich starre wie des Steins
Inneres starrt.
Hart wie ich bin, weiß ich nur Eins:
Du wurdest groß-
...... und wurdest groß,
um als zu großer Schmerz
ganz über meines Herzens Fassung
hinauszustehn.
Jetzt liegst du quer durch meinen Schooß,
jetzt kann ich dich nicht mehr
gebären.

11. 피에타

이제 나의 가련함은 더없이, 형용할 수 없이
나에게 밀려오는구나. 내 몸은 돌처럼 그렇게
단단히 굳어지는구나.
내 굳어질지라도, 다만 한 가지를 아노니.
당신은 위대하셨나이다.
…… 위대하셨나이다.
그 크나큰 고통
내 마음의 평정도
따라갈 수 없나이다.
이제 당신은 내 품에 비스듬히 누워,
이제 당신을 더 이상
낳을 수 없나이다.

12. Stillung Mariae mit dem Auferstandenen

Was sie damals empfanden: ist es nicht
vor allen Geheimnissen süß
und immer noch irdisch:
da er, ein wenig blaß noch vom Grab,
erleichtert zu ihr trat:
an allen Stellen erstanden.
O zu ihr zuerst. Wie waren sie da
unaussprechlich in Heilung.
Ja sie heilten, das war's. Sie hatten nicht nötig,
sich stark zu berühren.
Er legte ihr eine Sekunde
kaum seine nächstens
ewige Hand an die frauliche Schulter.
Und sie begannen
still wie die Bäume im Frühling,
unendlich zugleich,
diese Jahreszeit
ihres äußersten Umgangs.

12. 부활하신 분에 대한 마리아의 위로

그 당시 그들이 느꼈던 것. 어떠한 비밀보다도
달콤하면서도
여전히 이 세상의 일 아닌가.
그 분, 약간 창백한 채, 무덤에서 나와
가벼운 마음으로 그녀에게 갔을 때,
도처에서 부활하셨지만,
오 그녀에게로 먼저 가셨네. 거기 그들
놀라운 치유를 받았네.
그렇지, 그들 치유 받았네, 그게 전부였지. 깊은
감동을 받지는 않았네.
그 분은 이내 곧 영원히 될 자신의 손을
잠깐만 그녀의 어깨에 얹었네.
그들은
끊임없이 함께
봄의 나무들처럼 말없이
머나먼 봄의 기도행렬을
시작했네,

13. Vom Tode Mariae (I)

Derselbe große Engel, welcher einst
ihr der Gebärung Botschaft niederbrachte,
stand da, abwartend daß sie ihn beachte,
und sprach: Jetzt wird es Zeit, daß du erscheinst.
Und sie erschrak wie damals und erwies
sich wieder als die Magd, ihn tief bejahend.
Er aber strahlte und, unendlich nahend,
schwand er wie in ihr Angesicht - und hieß
die weithin ausgegangenen Bekehrer
zusammenkommen in das Haus am Hang,
das Haus des Abendmahls. Sie kamen schwerer
und traten bange ein: Da lag, entlang
die schmale Bettstatt, die in Untergang
und Auserwählung rätselhaft Getauchte,
ganz unversehrt, wie eine Ungebrauchte,
und achtete auf englischen Gesang.
Nun da sie alle hinter ihren Kerzen
abwarten sah, riß sie vom Übermaß
der Stimmen sich und schenkte noch von Herzen
die beiden Kleider fort, die sie besaß.
und hob ihr Antlitz auf zu dem und dem ...
(O Ursprung namenloser Tränen-Bäche).
Sie aber legte sich in ihre Schwäche
und zog die Himmel an Jerusalem
so nah heran, daß ihre Seele nur,
austretend, sich ein wenig strecken mußte:
schon hob er sie, der alles von ihr wußte,

13. 마리아의 죽음 (Ⅰ)

이전에 그녀에게 탄생의 소식을
전해준 바로 그 위대한 천사가
거기 서 있네. 자신에게 주목하기를 기다리다,
말했네. 이제 그대가 나타날 때이라고.
그녀는 그전처럼 놀라, 다시
시녀처럼 되어, 그 말을 깊이 믿었네.
그러나 그 천사 빛을 발하며, 아주 가까이 다가오다가,
그녀의 면전에서 사라졌네. 그리고
멀리 떠난 전도자들을
비탈길 집으로 모이게 했네.
최후의 만찬의 집으로. 그들 힘들게 와서
두려워하며 들어갔네. 거기엔 저승에 갔지만
선택되어, 좁은 침대를 따라,
야릇하게 누워있는 그녀,
훼손되지 않고, 순결한 여인으로,
그리고 영어로 부르는 찬송에 주목하네.
이제 그들 모두 촛불 뒤에서
기다리며 보니, 그녀 억누를 수 없는
목소리를 낮추고, 가슴에서
자신이 지녔던 옷 두벌을 주었노라.
그리고 그녀의 얼굴을 그 분을 바라보네, 그 분을...
(오 이루 말할 수 없이 쏟아지는 눈물의 근원이여).
하지만 그녀의 몸은 약해졌노라.
그래서 하늘을 예루살렘 가까이
이끌어오니, 그녀의 영혼이
빠져 나오며, 다만 약간 펴지니라.
그녀에 대해 모든 것을 알고 계신 그 분이 벌써,

hinein in ihre göttliche Natur.

그녀를 신의 자연 속으로 들어올리시도다.

14. Vom Tode Mariae (II)

Wer hat bedacht, daß bis zu ihrem Kommen
der viele Himmel unvollständig war?
Der Auferstandne hatte Platz genommen,
doch neben ihm, durch vierundzwanzig Jahr,
war leer der Sitz. Und sie begannen schon
sich an die reine Lücke zu gewöhnen,
die wie verheilt war, denn mit seinem schönen
Hinüberscheinen füllte sie der Sohn.

So ging auch sie, die in die Himmel trat,
nicht auf ihn zu, so sehr es sie verlangte;
dort war kein Platz, nur Er war dort und prangte
mit einer Strahlung, die ihr wehe tat.
Doch da sie jetzt, die rührende Gestalt,
sich zu den neuen Seligen gesellte
und unauffällig, licht zu licht, sich stellte,
da brach aus ihrem Sein ein Hinterhalt
von solchem Glanz, daß der von ihr erhellte
Engel geblendet aufschrie: Wer ist die?
Ein Staunen war. Dann sahn sie alle, wie
Gott-Vater oben unsern Herrn verhielt,
so daß, von milder Dämmerung umspielt,
die leere Stelle wie ein wenig Leid
sich zeigte, eine Spur von Einsamkeit,
wie etwas, was er noch ertrug, ein Rest
irdischer Zeit, ein trockenes Gebrest-.
Man sah nach ihr; sie schaute ängstlich hin,

14. 마리아의 죽음 (II)

누가 생각이나 했을까? 그녀가 오기까지
하늘이 그토록 온전하지 못하다는 것을.
부활하신 그 분은 좌정하셨지만,
그 분 옆에는, 24년이 지나도록
그 자리 비어있네. 그래서 그녀는 벌써
아문 상처처럼 있었던, 흠 없는 그 빈자리에
익숙하기 시작했네. 아들이 거기로 빛을 비춤으로써
그 자리를 아름답게 하였기 때문이었네.

그래서 하늘로 올라간 그녀도 그 분에게로
가지는 않았네. 그렇게 바랬을지라도.
거기에는 자리가 없었네. 다만 그 분만이 계셔서,
찬란하게 빛났는데, 그 빛 그녀에게는 아픔이었네.
하지만 그녀는 이제, 감동적인 형상으로,
새로운 복된 자들과 어울려,
눈에 띄지 않게, 밝디 밝게, 자리를 잡았네.
그때 그녀의 몸에 숨어있던
광채가 나와, 그녀의 빛을 받은
천사가 믿지 못한 듯 소리질렀네. 이 분이 누구요?
정말 놀라움이었지. 그러자 모두 그녀를 보았네,
하늘에 계신 하나님이 우리 주님을 대하듯.
그래서 온화한 어스름 빛에 둘러싸인,
그 빈자리는 약간은 고통처럼
보였네. 그 분이 여전히 견디고 있던
것과 같은 외로움의 흔적, 아직도 남아있는
이 세상의 모습, 메마른 기형적 모습.
그녀를 쳐다보니, 두렵게 그쪽을 바라보고 있었네.

weit vorgeneigt, als fühlte sie: ich bin
sein längster Schmerz-: und stürzte plötzlich vor.
Die Engel aber nahmen sie zu sich
und stützten sie und sangen seliglich
und trugen sie das letzte Stück empor.

앞으로 몸을 숙이고, 마치 자신이 오랫동안 그 분의
고통이었음을 느끼는 것처럼. 갑작스레 앞으로 나아갔네.
하지만 천사들 그녀를 모시었네,
그리고 그녀를 부축하고, 행복하게 노래하며
그녀를 위로 더 들어올렸네.

15. Vom Tode Mariae (Ⅲ)

Doch vor dem Apostel Thomas, der
kam, da es zu spät war, trat der schnelle
längst darauf gefaßte Engel her
und befahl an der Begräbnisstelle:

Dräng den Stein beiseite. Willst du wissen,
wo die ist, die dir das Herz bewegt:
Sich: sie ward wie ein Lavendelkissen
eine Weile da hineingelegt,

daß die Erde künftig nach ihr rieche
in den Falten wie ein feines Tuch.
Alles Tote (fühlst du), alles Sieche
ist betäubt von ihrem Wohl-Geruch.

Schau den Leinwand: wo ist eine Bleiche,
wo er blendend wird und geht nicht ein?
Dieses Licht aus dieser reinen Leiche
war ihm klärender als Sonnenschein.

Staunst du nicht, wie sanft sie ihm entging?
Fast als wär sie's noch, nichts ist verschoben.
Doch die Himmel sind erschüttert oben:
Mann, knie hin und sieh mir nach und sing.

15. 마리아의 죽음 (Ⅲ)

하지만 너무 늦게 온 사도
도마보다 앞서, 오래 전부터 이를
준비한 천사가 빨리 다가와
묘지에서 명령했네.

돌을 옆으로 굴릴 것을. 네가 알기를 원한다면,
너의 마음을 움직인 그녀가 어디에 있는지를,
보아라. 그녀는 라벤다 색의 깔개처럼
잠시 저기에 놓여 있느니라.

이 땅은 장차 그녀의 냄새가 나리라,
주름진 섬세한 두건에서처럼
모든 죽은 자는 (그대가 느끼듯), 모든 허약한
자들은 그녀의 향기에 마취되었네.

저 세마포를 보라. 창백한 여인이 어디에 있느냐?
그가 눈이 부셔 나아가지 못한 곳이 어디지?
이 순결한 시신에서 나온 이 빛은
그에게 햇빛보다 더 밝은 빛이었지.

네게 놀랍지 않느냐? 그가 그녀를 알아차리지 못함이.
마치 그녀가 살아 있는 것 같네. 아무 것도 변화되지 않았지.
하지만 하늘은 높이 진동하였네.
사람들아, 무릎을 꿇고, 나를 바라보며 찬송하라고.

14

리하르트 슈트라우스 (1948) 曲

네 개의 마지막 노래

1-3: 헤르만 헤세 詩

4: 요젭 폰 아이헨도르프 詩

—

잠자러 갈 때 Beim Schlafengehen

봄 Frühling

9월 September

저녁놀에 Im Abendrot

헤르만 헤세

Hermann Hesse, 1877-1962

헤세는 슈바벤의 경건한 신학자 집안과 세계 각지에서 활동했던 발저의 선교사 집안의 결합으로 태어났다. 이러한 환경 요인은 그의 창작에 깊은 영향을 끼쳤으며 작가 내면에 양면적인 충동을 부여하기도 했다.

정신적으로 예민했던 유년시절부터 헤세는 부모와 학교 사이에서 갈등하며 자신의 고유한 길을 찾기 시작한다. 유년시절의 속박과 이로부터 벗어나려는 양립감정은 필연적으로 위기를 낳았고, 헤세는 이러한 측면을 끊임없이 그의 시와 작품에 형상화한다. 헤세의 모든 작품에서는 전통과 그에 결부된 조건들과의 용감하고 주체적인 단절, 그리고 새로운 젊은이로의 거듭나는 것이 특징적으로 나타난다.

헤세는 괴테와 낭만주의 문학을 연구하면서 문학 활동을 시작한다. 특히 그는 낭만주의에 매혹되었는데, 시집 『낭만적인 노래 Romantische Lieder (1899)』가 대표적인 예이다. 1904년에는 자연 친화적이고 서정적인 문체의 소설 『페터 카멘친트 Peter Camenzind』를 출판한다. 이러한 초기 작품들은 큰 성공을 거두어 그는 작가로서의 명성과 부을 얻게 되었다. 그리고 같은 해, 피아니스트 마리아 베르누이 Maria Bernoulli와 결혼한 헤세는 창작활동에 전념하였고, 23년에는 스위스로 귀화한다.

그가 몰두한 낭만적인 모티브들, 방랑의 소재들은 우선 떠돌이 가수, 음악가, 행상인들의 인물로, 또 중심에 동화되지 못하는 국외자의 모습으로 형상화된다. 아울러 헤세는 쓸쓸함과 고독 같은 낭만주의의 유산들과 함께 전원적이고 서민적인 생활양식, 혹은 과거에 대한 동경 등을 즐겨 다루기도 한다. 하지만 헤세는 산업화의 시대에 개인과 산업사회와의 갈등이나 세기 전환기의 교육제도 전반을 날카롭게 비판하기도 한다.

제1차 세계대전 후 헤세는 결혼생활의 파탄, 유교와 인도 등의 고전적 동양사상의 영향을 받아 낭만적 작품경향에 변모를 꾀하게 된다. 또 정신분석학자 C. G. 융의 영향을 많이 받았는데, 그 체험에 기초한 것이 1919년 발표한 『데미안 Demian』이다. 『싯다르타 Siddharta (1922)』는 동·서양의 세계관과 종교관의 융화를 그린 작품이며, 『황야의 이리 Steppenwolf (1927)』에서는 주인공의 정신분열을 나치스 융성의 시대와 관련지어 묘사하고 있다. 그리고 정신과 관능의 조화를 시도한 『나르치스와 골트문트 Narziß und Goldmund (1930)』, 극도의 재능 있는 지식인을 통해 사변적인 삶과 적극적인 삶의 이중성을 탐구한 『유리알 유희 Das Glasperlenspiel (1943)』 등이 그의 빛나는 걸작들에 속한다. 1946년에는 노벨 문학상을 받았다.

리하르트 슈트라우스가 1948년에 곡을 붙인 헤세의 시 「봄 Frühling」, 「9월 September」, 「잠자러 갈 때 Beim Schlafengehen」는 아이헨도르프의 「저녁놀에 Im Abendrot」와 함께 이별과 죽음의 이미지를 보여준다. 슈트라우스의 만년에 작곡된 '4개의 마지막 노래'라는 제목이 이를 암시한다.

1. Beim Schlafengehen

Nun der Tag mich müd gemacht,
soll mein sehnliches Verlangen
freundlich die gestirnte Nacht
wie ein müdes Kind empfangen.

Hände, laßt von allem Tun,
Stirn, vergiß du alles Denken,
alle meine Sinne nun
wollen sich in Schummer senken.

Und die Seele, unbewacht,
will in freien Flügeln schweben,
um im Zauberkreis der Nacht
tief und tausendfach zu leben.

1. 잠자러 갈 때

한낮은 나를 지치게 했네,
내 그리움의 열망은 이제
피곤한 아이처럼, 반가이
별 빛나는 밤을 맞아야 하리.

손이여, 모든 행동을 거두어라,
머리여, 모든 생각을 잊어라,
내 모든 감각은 지금
잠 속에 빠지려 하니.

그리고 영혼은 아무도 모르게
자유의 날개로 날으리라,
신비한 밤의 나라에서
심오한 수많은 삶을 살기 위해.

2. Frühling

In dämmrigen Grüften träumte ich lang
von deinen Bäumen und blauen Lüften,
von deinem Duft und Vogelsang.

Nun liegst du erschlossen in Gleiß und Zier,
von Licht übergossen wie ein Wunder vor mir.
Du kennst mich wieder, du lockst mich zart.
Es zittert durch all meine Glieder
deine selige Gegenwart.

2. 봄

어스름한 동굴 속에서 나 오랫동안 꿈꾸었네,
너의 나무들과 푸른 바람,
너의 향기와 새의 노래를.

이제 너는 광채를 띠고, 화려함으로 열려,
빛을 듬뿍 받으면서 마치 기적인 양 내 앞에 있네.
너는 나를 다시 알아보고, 부드럽게 유혹하니,
너의 복된 모습 앞에서
나의 온몸이 떨리는구나.

3. September

Der Garten trauert,
kühl sinkt in die Blumen der Regen.
Der Sommer schauert
still seinem Ende entgegen.

Golden tropft Blatt um Blatt
nieder vom hohen Akazienbaum,
Sommer lächelt erstaunt und matt
in den sterbenden Gartentraum.

Lange noch bei den Rosen
bleibt er stehen, sehnt sich nach Ruh.
Langsam tut er die großen
müdgewordenen Augen zu.

3. 9월

정원은 슬픔에 잠기고
꽃들 속으로 차가운 비 내리네.
여름은 그 끝이 다가오자 스스로
조용히 몸서리치네.

금빛 이파리 하나둘씩
키 큰 아카시아 나무에서 떨어지고.
여름은 놀라며 풀죽은 채 엷게 웃는구나,
죽어가는 정원의 꿈속에서.

장미꽃가에 한참 머물면서,
여름은 이제 안식을 갈망하네.
고단해진 큰 눈을
천천히 감으면서.

4. Im Abendrot

Wir sind durch Not und Freude
gegangen Hand in Hand,
vom Wandern ruhen wir
nun überm stillen Land.

Rings sich die Täler neigen,
es dunkelt schon die Luft,
zwei Lerchen nur noch steigen
nachträumend in den Duft.

Tritt her und laß sie schwirren,
bald ist es Schlafenszeit,
daß wir uns nicht verirren
in dieser Einsamkeit.

O weiter, stiller Friede,
so tief im Abendrot.
Wie sind wir wandermüde -
ist dies etwa der Tod?

4. 저녁놀에

우리는 손을 맞잡고
고난과 기쁨을 지나왔네,
조용한 땅을 지나 이제
우리 방랑에서 쉬네.

사방에 계곡이 가라앉고,
하늘은 벌써 어둑해지는데,
두 마리 종달새 꿈꾸듯
향기 속으로 날아오르네.

이리 오게, 그들은 울게 두고.
곧 잠잘 시간이니,
우리는 이 고독 속에서
더 이상 헤매지 않으리라.

오 드넓고 고요한 평화여!
저녁놀 속에 침잠하누나,
우리는 방랑에 얼마나 지쳤는지 -
어쩌면 이런 것이 죽음일까?

〈해설 및 주석〉 피종호

빌헬름 뮐러와 오르페우스

—

빌헬름 뮐러와 오르페우스

피종호

1. 낭만주의, 뮐러, 하이네

빌헬름 뮐러는 "나는 유희하거나 노래를 부를 수 없다. 그런데 시를 지을 때는 나도 노래를 부르거나 유희를 할 수 있다."[1] 라고 말하고 있다. 문학의 음악성과 유희를 동등하게 긍정적으로 요구하는 데사우 출신인 그는 33세로 생을 마감한 후기 낭만파의 서정시인이다. 그는 1813년부터 1815까지 벨기에에서 나폴레옹에 대항하는 프로이센의 해방전쟁에 참여한다. 외국 유명작가의 작품을 많이 번역하였던 당시의 여느 작가와 마찬가지로 그는 1817년에 영국작가 말로우의 『파우스트 박사』를 번역한다. 1820년부터 1827년 심장마비로 요절할 때까지 집중적으로 쓰여진 그의 시들은 대부분 낭만주의의 민요풍의 시이지만, 부분적으로는 시대비판적인 시도 가미되어 있다.

하이네는 자신의 문학관을 회고하면서 쓴 『낭만파Die Romantische Schule』의 제3권에서 자신보다 세 살이 많은 빌헬름 뮐러를 울란트, 아이헨도르르

---

1 Zitiert nach: U. Wollny-Bredemeyer, "Ich kann weder spielen noch singen", in: U. Bredemeyer/ Ch. Lange (Hg.), Berlin 1996, Kunst kann die Zeit nicht formen, 280쪽.

프, 유스티누스 케르너, 구스타프 슈바프와 동등한 낭만주의자로 다루면서 다음과 같이 언급하고 있다. "그는 옛 민요형식의 정신을 아주 심오하게 인식하고 있었기 때문에, 민요형식을 외형적으로 모방할 필요가 없었다. 그래서 우리는 그가 민요형식의 과도기를 보다 자유롭게 취급하고 있음을 알고 있으며, 낡은 어귀와 표현을 모두 회피하고 있는 것이 타당함을 알게된다."[2] 하이네가 뮐러의 민요풍의 시를 긍정적으로 고찰한 배경에는 뮐러가 민요형식을 다루는데 탁월함을 보였다는 데에만 있는 것은 아니라, 아이러니와 풍자의 수사학으로 이루어진 그의 대역시들이 자신에게 많은 영향을 미치고 있기 때문이다.[3]

1826년 6월 7일 빌헬름 뮐러에게 쓴 편지에서 하이네는 그의 시에 또 다른 찬사를 보내고 있다. 이 편지에서 하이네는 자신의 민요풍의 시 중에서, 특히 『노래의 책』에 들어있는 「간주곡 Intermezzo」의 시운율이 뮐러가 1821년 쓴 연작시 『여행중인 호른 연주자가 남겨놓은 종이에 쓰여진 77편의 시77 Gedichte aus den hinterlassenen Papieren eines reisenden Waldhornisten』의 영향을 받은 것임을 시인하고 있다. "어느 정도" 민요풍의 시형식을 지니고 있는 자신의 시의 내용은 여전히 관습적인 사회의 틀을 벗어나지 못하고 있는데 반해, 뮐러의 시는 이전의 민요형식에서 "새로운 형식"을 만들고 있음을 지적한다. 그리고 이러한 뮐러의 기법은 울란트보다 훨씬 뛰어난 것으로 괴테에 버금가는 것임을 인정하고 있다.[4]

문학의 새로운 형식 속에서 뮐러가 지향하는 바는 주관성과 현실을 합일화하는 것이다. 이러한 합일화를 다양한 형식으로 보여주는 괴테의 시를 극찬하고 있듯이, 그의 관심은 예술을 통해 '낡은' 민요를 삶 속에서 새롭게

---

2 H. Heine, Die Romantische Schule, in: Ders., Beiträge zur deutschen Ideologie, Ffm/Berlin/Wien 1971, 224쪽.

3 M. Perraudin, Heine and Wilhelm Müller, in: Archiv 137(1985), 23-24쪽.

4 N. Altenhofer (Hg.), Heinrich Heine. Teil 1. Dichter über seine Dichtungen, München 1971, 102-103쪽.

변형시키는 것이다.[5] 이렇게 함으로써 민요의 예술화를 시도한 질풍노도시대의 시인 뷔르거G. A. Bürger에서 시작하여, 괴테를 거쳐 초기 낭만주의자에 이르기까지 시도된 새로운 민요풍의 시를 이어가고자 하는 것이다.[6] 요절하기 얼마 전에 쓴 「독일인의 시문학」이라는 글에서 뮐러는 이러한 시도가 시대의 "혼란스런 이미지"[7]를 극복하기 위한 것임을 언급하고 있다.

민요라는 개념을 처음으로 사용한 헤르더의 『민요 속의 민족의 목소리』라는 민요집은 1807년에 출간된 것으로 뮐러가 그 당시 알고있던 책이다. 또한 후기 낭만주의자인 아르님과 브렌타노가 공동으로 편찬한 독일 민요집인 『소년의 마술피리Des Knabens Wunderhorn』는 뮐러가 판본을 소지하여 읽은 것으로 여겨진다. 또한 괴테, 울란트, 뤼케르트, 노발리스, 야콥 뵈메의 시집들은 뮐러가 즐겨 읽던 책들이다.[8] 혼란스런 시대의 이미지 속에서 주관성을 확립하기 위해 뮐러는 민요풍의 운율, 낭만주의 문학언어의 음악화, 형식의 단순성에 관심을 기울인다. 특히 언어의 음악화, 시와 음악의 합일화라는 주제는 어느 누구보다도 뮐러에게 집중된 현상이며, 이러한 점에서 그는 낭만주의의 오르페우스의 이미지를 보여주는 대표적인 시인 중 한 사람이라고 할 수 있다. 낭만주의뿐 아니라 어느 시대이고 시인의 가장 이상적인 이미지는 오르페우스이지만, 낭만주의 시학이 주체와 객체의 동일성을 드러내는 괴테의 체험문학 이후부터 시작된 주관성의 붕괴를 회복하기 위해 시와 음악의 합일화를 끊임없이 추구하고 있다는 점에서 더욱 그렇다. 소통을 위해 말하는 것이 노래이고 노래하는 것이 곧 말이 되는 오르페우스의 삶은 죽음의 경계를 넘나들면서 삶의 의미영역을 확장시키고 있다.

낭만주의의 시학은 이러한 합일화 과정을 지향하면서, 언어의 음악화를 끊임없이 추구하고 부정적 현실을 미학적으로 형상화시킨다. 미지적이고

---

5 G. Hartung, Wilhelm Müller und das deutsche Volkslied, in: Weimarer Beiträge 5(1977), 48쪽 참조.

6 위의 글, 48-49쪽.

7 위의 글, 46쪽.

8 위의 글, 57-58쪽.

낯설며, 죽음을 인식하게 할 만큼 '위험하고도 혼란스러운' 현실을 벗어나기 위해 시인은 문학과 음악이라는 예술형식의 상관성을 끊임없이 진단하는데, 이러한 진단을 위해 사용되는 수사학적 기법은 아이러니이다. 낭만주의의 이론가인 슐레겔에 의하면, 낭만주의 문학이 보편적 진보성을 유지하는 데 있어서 아이러니는 필수적이다. 아이러니는 부정적 현실과 거리감을 두면서 침묵을 관통하는 묘사형식이다. 낭만주의의 시적 주체는 현실에 접근할 수 있다는 가능성에 대해 회의적인데, 회의적 자아가 주관적 자기성찰을 이행하는 과정에서 아이러니가 요구된다는 것이다.

이러한 아이러니로 낭만주의 문학은 문학과 예술을 성찰하면서 진보의 가능성을 타진한다. 낭만주의의 위대한 시인 노발리스는 혼돈된 세상을 '비밀스런 언어'로, 아이헨도르프는 사물에서 '노래'를 이끌어내는 '마법의 언어'로 세계의 고통을 극복해나가고 있으며, 슐레겔은 시인을 디오니소스처럼 술 취한 자, 죽음의 지배자, 삶의 화려한 창조자로 지칭하며, 울란트의 시인은 '자유로운 가인'의 이미지를 지닌다.[9] 특히 아이헨도르프는 시어와 노래와의 합일이 언어의 마술성에서 이루어지고 있음을 묘사하고 있는데, 「마술지팡이Wünschelrute」는 그 대표적인 시이다.

삶과 현실뿐 아니라 세계를 시로 만들려는 낭만주의는 '시 중심주의'라고 할 수 있다. 그러나 시의 관점에서 주체와 외부세계를 합일화하는 과정은 어두움의 시학 속에서 이루어지는 '시적 허무주의'를 드러낸다. 이 과정에서도 주체의 회복과정은 '노래'에 집중해야 하는 과정이다. 이 과정은 손상된 시적 자아가 죽음과 같은 어두움의 영역에서 '밝은' 삶의 영역으로 나아가기 위해 언어의 음악성을 요구하는 것이며, 사랑의 문학과 깊은 연관되고 있다. 브렌타노 C. Brentano의 「물레 잣는 여자의 노래 Der Spinnerin Lied」는 낭만주의 음악성이 사랑의 주제와 밀접한 관계가 있음을 보여주는 대표적인 시이다.

손상된 주관성을 치유하는 과정에서 나타나는 죽음에 대한 인식은 역설적으로 새로운 삶을 찾을 수 있는 가능성에 대한 인식이다. 이 과정을 때

---

9 W. Hinck (Hg.), Schläft ein Lied in allen Dingen, Ffm 1985, 15쪽 참조.

로는 부정적인 유토피아로서, 때로는 긍정적인 유토피아로서 이중적 의미를 지니면서 중첩되기도 하고 교차하기도 한다. 낭만주의 문학에서 죽음의 모티브는 바로크 문학의 중요한 모티브인 '허무함Vanitas'과 '죽음을 생각하라 memento mori'와 연관을 지니고 있다. 이러한 죽음의 모티브는 베토벤이 작곡한 계몽주의 시인 겔러르트의 연작시 『겔러르트의 시에 의한 여섯 노래』 중 세 번째 시 「죽음vom Tode」[10] 에서도 잘 나타나있다. 또한 낭만주의 시인 레나우의 시중 가장 많이 작곡된 「부탁Bitte」이라는 시도 그 한 예이다.

이처럼 낭만주의의 시는 주체의 체험영역을 확장하기 위해 가상, 꿈, 환상, 죽음의 주제를 자주 다룬다. 시적 체험은 환상체험, 꿈의 체험과 같이 허구적 체험 또는 모티프체험으로 이어진다. 체험형식 속에서 시적 진술의 진행과정, 자아의 형식, 시적 진행과정의 독자에 대한 믿음 등이 고전주의 이래로 체험시의 중요한 요소들인데, 낭만주의 시는 이러한 요소들이 결여되어 있다. 손상된 주관성을 보완하기 위해 낭만주의 시학의 주체는 아이러니로 자기파멸과 자기생성의 과정을 이루면서 가능한 세계를 만들어간다. 대체세계인 가능한 세계는 꿈과 환상, 죽음을 직면하면서도 시적 자아가 주관성을 주장할 수 있는 세계이기 때문이다. 다음에서는 뮐러의 시 중 특히 슈베르트가 곡을 붙인 연작시 「아름다운 물방앗간 아가씨Die schöne Müllerin」와 「겨울나그네Die Winterreise」를 중심으로 살펴보고자 한다. 아도르노가 언급한 것처럼 슈베르트 음악의 이미지는 "죽음의 해석학"[11] 이라는 커다란 틀 속에 깃들어있는데, 이 두 연작시의 이미지도 이와 연관성을 지닌다.

---

10 D. Fischer-Dieskau (Hg..), Texte deutscher Lieder, 11. Auflage, München 1997, 357쪽;

내 삶의 시간은 덧없이 흐르고,	Meine Lebenszeit verstreicht,
매시간 무덤으로 가까이 가네.	Stündlich eil' ich zu dem Grabe;
그래도 내가 살아야 하는	Und was ist's, das ich vielleicht,
이유가 도대체 무엇인가?	Das ich noch zu leben habe?
오 이 사람아, 너의 죽음을 생각하라!	Denk, o Mensch! an deinen Tod!
미루지 말라, 그것이 가장 중요한 일이니!	Säume nicht: denn eins ist Not!

11 Th. W. Adorno, Schubert, in: Ders., Gesammelte Scriften Bd. 17, Ffm 1982, 29쪽.

2. 빌헬름 뮐러와 호른연주자의 아이러니

뮐러의 많은 시 중 슈베르트가 곡을 붙인「아름다운 물방앗간 아가씨」와「겨울나그네」는 뮐러가 1818년에 9개월 간 체류한 이탈리아 여행에서 돌아온 뒤 쓰여진 것이다. 당시의 프로이센 제국의 검열제도와 정치적 억압에 대해 뮐러는 이탈리아 여행에서 돌아온 직후인 1818년 11월 15일 이탈리아 미술에 정통한 미술사가이자 선배작가인 루모어 C. Fr. Rumohr에게 보낸 편지에서 다음과 같이 자신의 심정을 토로하고 있다. "조국에서 제가 서리, 눈, 안개를 대하는 것은 견딜 만 합니다. 그러나, 그러나(!) 구역질나는 독일의 속물근성(무례한 표현을 용서하십시오) 때문에 제 마음은 무너지고 있습니다. 마치 골리앗 친구들의 연회장을 지탱하고 있던 기둥들을 넘어뜨린 삼손이 그러한 속물근성을 강하게 느꼈던 것처럼 말입니다. 저는 이탈리아에서 돌아온 사람들이 모두 잘 지내는지 모르겠습니다. (...) 사실 뮌헨에서 뿐 아니라 독일의 도처에서도 사정이 그러하다면, 저는 이탈리아에 다녀온 것을 유감스럽게 생각하거나, 아니면 다시 한번 그곳을 보러 갈 수밖에 없습니다. 이곳에서 제 마음에 드는 것은 아무 것도 없습니다."[12] 이탈리아 여행에서 뮐러는 후기낭만주의에서 벗어나 보다 삶에 개방적인 새로운 형식의 음악적인 민요시 뿐 아니라 "세계이미지의 정치화"[13] 도 구상하게 된다. 이와 연관해서 1820년에 출간된 뮐러의『로마, 로마인』에서 이탈리아는 독일의 예술이 지향해야 할 미적 모델로 묘사되고 있다. 이 책에서 뮐러가 의도하는 것은 예술이 시대와 민족에 알맞은 형식 속에서 인간을 표현해야 한다는 것이다.

시대에 저항하면서 파멸해 가는 삼손과 비교하고 있는 뮐러의 자아는 비더마이어 풍의 서민적 자아라기보다는 청년 독일파처럼 시대의 변혁을 요구하는 '저항적' 이미지를 내포하고 있다. 뮐러는 시대를 반영하는 민요풍의 시대시를 쓰지 않을 수 없는 것이며, 이러한 관점은 하이네에게 영향을 미치

---

12 Zitiert nach: Ch. Wittkop, Orpheus im Winter, in: U. Bredemeyer/ Ch. Lange (Hg.), 앞의 책, 141.

13 G. Hartung, 앞의 글, 65쪽.

게 된다. 슈베르트가 곡을 붙인 연작시에도 이런 경향을 부분적으로 엿볼 수 있다.

뮐러의 시들이 시대시의 성격을 지니고 있는 또 다른 이유는 프리메이슨 운동의 영향이라고 할 수 있다. 당시 문학가 뿐 아니라 많은 예술가들이 가입한 프리메이슨은 비밀결사단체로서 뮐러는 1820년 고향인 데사우와 가까운 라이프치히의 프리메이슨 지부에 회원으로 가입한다.[14] 18세기 중엽부터 독일 및 유럽 전체에 전파된 프리메이슨 운동은 자유로운 사고와 행위를 바탕으로 휴머니즘과 관용의 사상을 중시하면서 이상주의적 경향을 띠고 있다. 현실과의 불화합, 여행자의 이미지, 계몽주의에 대한 불확실성, 세계동포적 박애감정, 신적인 사랑의 체험에의 동경 등은 이 운동에 영향을 받은 문학과 예술의 주제와 모티브를 이룬다. 그 예로써 모차르트의 『마적』, 계몽주의 드라마작가인 레싱의 『현자 나탄』, 슐레겔이 낭만주의 문학의 두드러진 경향을 지니고 있다고 일컬은 괴테의 성장소설 『빌헬름 마이스터의 수업시대』 등을 들 수 있는데, 괴테 소설의 마지막 부분에서 수도사가 이끄는 '탑사회'로 묘사되는 프리메이슨 운동은 자아의 형상을 통해 세계를 변화시키려는 유토피아적 사회개혁의 성향을 잘 보여주고 있다. 또한 뮐러의 문학에 깃들어 있는 이국적인 요소들은 그 당시 유럽에 널리 퍼져있던 프리메이슨 운동에서 영향을 받은 것이며, 특히 노발리스, 유스티누스 케르너의 영향이 크다.[15]

뿐만 아니라 터키의 지배에 대항하는 그리스인의 폭동을 고취시키는 시집인 『그리스인의 노래Lieder der Griechen』(1821)는 뮐러의 정치적 성향을 잘 나타내고 있다. 이 시집 이외에도 그는 1823년에 『그리스인의 새로운 노래』 그리고 1824년에 『최신 그리스인의 노래』를 잇달아 출간함으로 인해 '그리스인 뮐러'라는 별명을 얻게된다. 이 시집들 역시 노예, 전사, 어린아이, 여자의 역할을 하는 대역시로 이루어진 것이다. 민요풍의 시대시에서 자아는 시

---

14 U. Hartung, Wilhelm Müllers Beziehung zur Freimauerei, in: U. Bredemeyer/Ch. Lange (Hg.), 앞의 책, 175쪽.

15 위의 책, 175-179 참조.

대를 등진 자, 배척된 자, 고향을 떠난 자 등의 타자의 이미지를 지니고 있는데, 이 이미지는 방랑자 내지는 여행자의 이미지로 나타난다. 낭만주의 문학의 커다란 주제로서 여행 또는 방랑은 멜랑코리 문학을 '치유하는' 역할을 한다.

뮐러의 연작시 「아름다운 물방앗간 아가씨」와 「겨울나그네」도 바로 이런 주제를 내포하고 있는 민요풍의 시이다. 이 연작시는 『여행중인 호른 연주자가 남겨놓은 종이에 쓰여진 77편의 시 77』에 들어있다. 호른연주자의 모티프는 계몽주의 시대에서 중세의 서사시와 사랑을 노래한 비란트의 운문소설 『오베른』뿐 아니라, 낭만주의에서는 바로크 이전의 목판화가인 뒤러의 제자인 프란츠의 낭만적 방랑을 묘사한 티크의 장편소설 『프란츠 슈테른발트의 방랑』과 브렌타노의 『소년의 마술피리』에서도 나타난다. 여기에서 호른은 시간과 공간의 커다란 간격의 가교가 되는 '동경의 악기'이다. 낭만주의 문학에서 방랑자뿐 아니라 사냥꾼, 산림지기, 우편배달부도 사용하는 것으로 묘사되는 이 악기는 주체를 사회의 고립과 낯선 것으로부터 벗어나게 하는 기능을 한다.[16] 뮐러의 「겨울나그네」에서 열세 번째 시 「우편마차 Die Post」도 그 예이다. 그 첫 연은 다음과 같이 시작한다. "길에서 우편마차 나팔 울려오는데 / 왜 너는 이토록 두근거리고 있나? / 내 마음아."(17)[17] 그리고 「아름다운 물방앗간 아가씨」의 열일곱 번째 시 「미운 색」도 마찬가지다. "들어 봐, 숲에서 사냥 나팔소리 울리면, / 그녀의 작은 창이 열리는 소리를. / 그녀는 나 있는 데를 바라보지 못하나/ 나는 방안을 들여다 볼 수 있는데."(73) 「우편마차」와 「미운 색」에서 우편배달부가 부는 호른소리는 낭만주의의 전통 속에서 고통과 대비되는 사랑의 회복가능성을 암시하고 있다.

여행하는 호른연주자를 자신에 빗댄 연작시 「아름다운 물방앗간 아가

---

16 R. Schieb, 'Die schöne Müllerin' und 'Die Winterreise', 59쪽 참조.

17 Wilhelm Müller, Die Winterreise und die schöne Müllerin, Zürich 1991. 이 책은 1830년 구스타프 슈바프가 편집하여 라이프치히에 있는 부록크하우스에서 출판한 다섯 권으로 된 뮐러의 전집에 의거한 것으로, 이 글에서 인용된 시 다음 괄호 안의 쪽수는 이 책의 쪽수를 말한다.

씨」와 「겨울나그네」는 대역시이며, 시인으로서의 뮐러보다는 음악가로서의 뮐러가 쓴 시라고 할 수 있다. 음악소설가이자 오페라 작곡가인 칼 마리아 폰 베버Carl Maria von Weber[18] 는 뮐러에게 음악에 관해 많은 영향을 끼쳤는데, 뮐러는 『여행중인 호른 연주자가 남겨놓은 종이에 쓰여진 77편의 시』의 제2권을 "독일 성악의 대가에게"라는 글과 함께 이 친구에게 헌정한다. 『77편의 시』에는 「합창단을 위한 연회용 노래Tafellieder für Liedertafern」, 「겨울나그네」, 「시골노래Ländliche Lieder」, 「방랑의 노래Wanderlieder」, 「격언의 진수Devisen zu Bonbons」의 연작시들이 들어있다. 이 시들은 고대 그리스를 동경하는 아류적인 아나클레온풍의 노래들과 멜랑코리한 독백조의 노래들이 일종의 실험시의 형식으로 다양하게 뒤섞여 있다. 이는 호른연주자의 단순한 '소리'가 비유하는 것처럼 낭만주의의 민요의 단순한 형식을 다양화하려는 시도라고도 볼 수 있다. 「아름다운 물방앗간 아가씨」와 마찬가지로 「겨울나그네」도 멜랑코리의 독백조 노래로서, 시적 모노드라마 형식으로 되어 있다. 또한 비록 「겨울나그네」에는 「아름다운 물방앗간 아가씨」에서처럼 프롤로그와 에필로그가 들어있지 않지만, 두 연작시 모두 민요풍처럼 단순한 어법이 아이러니 기법으로 이어지고 있는 것과 운율의 음악성이 지배적으로 나타나고 있다는 것은 공통점이다. 차이점은 주체와 객체의 대립적 양극을 '화해'시켜나가는 과정에서 「겨울나그네」가 「아름다운 물방앗간 아가씨」보다 개방적인 구조를 가지고 있다는 점이다.

3. 「아름다운 물방앗간 아가씨」와 방랑자

서사구조로 되어있는 뮐러의 「아름다운 물방앗간 아가씨」는 1816년부터 1820년까지 4년 간 걸쳐 이루어진 연작시이다. 물방앗간과 물방앗간 청

---

18 모차르트와 베토벤 이후와 바그너 이전의 독일 오페라사에 있어서 뿐 아니라 가곡 및 합창곡 등 독일 낭만주의의 성악곡 작곡에 있어서도 베버의 위치는 매우 중요하다.

년 또는 물방앗간 아가씨의 모티브는 낭만주의 문학에서 자주 등장한다. 괴테의 「물방앗간 아가씨의 민요시Vier Romanzen von der Müllerin」나 브렌타노의 「소년의 마술피리」, 샤미소의 「물방앗간 아가씨Die Müllerin」와 「물방앗간 아가씨의 이웃Der Müllerin Nachbar」, 케르너의 「제재소의 방랑자Der Wanderer in der Sägemühle」, 울란트의 「방랑자의 노래Wanderlieder」 등은 그 대표적인 시들이다.

「아름다운 물방앗간 아가씨」는 이처럼 새로운 주제나 모티브를 가지고 있다고는 할 수 없지만, 연작시의 처음과 마지막을 프롤로그와 에필로그로 구성함으로써 이질적인 내용과 새로운 형식을 지니고 있다. 즉 마치 드라마처럼 새로운 시 형식을 선보이면서 문학이라는 동일매체 안에서 다른 장르끼리 상호 작용하는 동질적 상호매체성을 엿보인다. 프롤로그와 에필로그는 낭만주의의 사회적 유희성격을 보여주는 것으로서 아이러니의 한 특징이기도 하다.[19] 또한 「아름다운 물방앗간 아가씨」에서 외형적으로 특이한 것은 원본의 겉 표지에 '겨울에 읽을거리'라는 에피그람 성격의 글이 들어있다는 점이다. 이 에피그람은 브레히트의 소외효과처럼 텍스트의 효용가치뿐 아니라 텍스트가 현실과 거리감을 지니고 있는 아이러니와 같은 수사학적 요구이기도 하다. 이 연작시는 모두 25편으로 구성되어 있지만, 「시인. 프롤로그Der Dichter, als Prolog」, 여섯 번 째 시 「궁금한 사람」의 후반부에 해당하는 「물방앗간 생활Das Mühlenleben」, 열 다섯 번째 시 「질투와 자존심」의 후반부에 해당하는 「첫 고통, 마지막 고통Erster Schmerz, letzter Schmerz」, 그 다음의 시 「미운 색」의 후반부에 들어있는 「귀여운 망초꽃Blümlein Vergißmein」 그리고 마지막 시 「시인. 에필로그Der Dichter, als Epilog」는 슈베르트가 곡을 붙이지 않은 시들이다. 「시인. 프롤로그」[20] 라는 제목이 붙은 첫 시는 두 연으로 되어 있으며, 다음과 같이 독백조의 드라마 문체로 시작한다.

---

19 R. Vollmann, Wilhelm Müller und die Romantik, in: A. Feil, Franz Schubert, Stuttgart 1996, 180쪽 참조.

20 Die Texte von Wilhelm Müllers Zyklen, in: A. Feil, 위의 책, 151-152쪽.

좋은 것을 듣고싶어하고, 보고싶어하는
아름다운 부인과 현명한 신사 분들을
아주 새로운 유희로 초대합니다.
아주 새로운 문체로써.
[...]

이를 위한 장면도 잘 꾸몄답니다.
바닥은 초록빛 양단으로 하였고,
수많은 꽃들로 알록달록하게 장식했어요.
길과 좁은 다리가 그 위에 놓여있어요.
태양은 위에 밝게 비쳐 들어오면서,
이슬과 눈물 속으로 그 빛을 반사하며,
달도 구름더미에서 나와
마치 유행인 것처럼, 우울하게 내려다봅니다.
높은 숲이 뒤 배경을 장식하고 있지요.
개는 짖고, 사냥나팔은 상쾌하게 울리죠.
신선한 샘물이 가파른 암벽에서 쏟아지고,
계곡 사이로 밝은 은빛의 시냇물로 흐르지요.
물방앗간 바퀴는 소리를 내고, 덜커덩거린답니다.
가까운 작은 숲에서는 새소리 들리지 않지요.
여러분에게 때때로 투박한 노래가 들리면,
음식점에서 나는 소리라고 생각하세요.
하지만 물방앗간에서 가장 아름다운 것은
내 모노드라마 배우가 여러분에게 말하는 것일 겁니다.
그걸 보여줄 수 있기를, 그의 연기를 망치게 하지 않기를.
편안하게 하시면서, 재미 많이 있으시길!

이 서시는 이미 '모노드라마'인 「아름다운 물방앗간 아가씨」가 유희의 문학에 속하고 있음을 표방하고 있다. 그리고 관객에게 정보를 전달하는 전형적인 드라마의 프롤로그처럼, 전체적인 내용을 대략적으로 전달하면서 시적 주체가 모노드라마 배우로 대체되고 있다는 대역성을 분명히 하고 있다. 그러면서 시와 드라마의 문학적 형식이 서로 교차되는 동질적 상호매체성을 보이고 있음을 암시하고 있다. 브렌타노의 오페레타인 「즐거운 악사들Die lustigen Musikanten」에서 그 전형적인 형식을 볼 수 있듯이, 이러한 상호매체성은 열 아홉 번째 시 「물방앗간 청년과 시냇물」에서 가극극본Libretto의 형식으로 더욱 구체화되고 있다.

「아름다운 물방앗간 아가씨」는 다양한 모티브로 이루어져 있다. 이별, 사랑, 시냇물, 눈, 시냇물, 꽃, 피곤함, 거울, 죽음 등의 모티브가 방랑이라는 주도모티브와 서로 연관을 이루고있다. 방랑은 창조적인 의미구성과정이다. 이 과정에서 멜랑코리는 뮤즈의 기능을 하면서도 주체의 고통을 유발시켜 손상된 주관성을 야기시킨다. 문학은 이러한 멜랑코리를 극복할 수 있는 치유제 역할을 한다. 이런 점에서 낭만주의의 뮤즈인 멜랑코리는 이중적 의미를 지니고 있으며, 이 이중성은 긍정과 부정에 대한 판단을 유보시키면서 가능성의 세계를 제시하는 아이러니의 이중성과 상응한다.

특히 꽃의 모티브는 색의 상징술의 대비를 통해 이러한 이중적 이미지를 잘 나타내 보이고있다. 아홉 번째와 열 번째 시인 「물방앗간 청년의 꽃」과 「눈물의 비Tränenregen」에서 꽃은 낭만주의의 유토피아를 대변하는 '푸른 꽃'으로 '물망초'를 묘사하고 있는데, 이 꽃은 아이러니의 제목을 지니고 있는 「귀여운 망초꽃」에서 지하세계의 '검은 꽃'으로 묘사되고 있다. 여덟 연으로 된 이 시의 마지막 세 연은 다음과 같다. "그 꽃은 푸른 잎이 없네,/ 그 꽃은 향기도 없네,/ 답답한 밤바람이/ 땅에서 불어오네.// 그 꽃도 시냇가에서 피고 있네,/ 하지만 시냇물은 흐르지 않네./ 그 귀여운 꽃은 꺾으려한다면,/ 심연으로 떨어질 걸세.// 그곳이 정말 정원답지./ 검은, 검은 꽃이 피어있지./ 그 위에 그대는 누워도 되리-/ 정원의 문을 잠그게!"(77) 또한 13번째 시 「라우테의 초록리본」, 16번째 시 「좋아하는 색」, 17번째 시 「미운 색」 에서 '초록색'으로 대변되는 문학적 토포스인 '목가적 전원풍경[21] 에서도 색의 의미대

21 locus amoenus' J. Hörisch, "Fremd bin ich eingezogen", in: Athenäum 1 (1991), 48쪽 참조.

비를 통한 이중적 이미지가 나타난다.

이러한 어두움의 시학에서 시적 주체는 현실과 비현실을 넘나들면서 끊임없이 손상된 주관성을 회복하려고 시도한다. 「아름다운 물방앗간 아가씨」에서 '시냇물'은 방랑의 또 다른 이미지를 제공하는 모티브이다. 두 번째 시 「어디로?Wohin?」에서 처음 나타나는 시냇물은 현실의 시냇물이라기보다는 현실의 시간과 공간의 영역을 벗어난 신화의 지하세계와 같은 비유적 가상세계의 대화파트너임을 암시하고 있다. 다시 말하면 죽음으로 유혹하는 '위험한' 타자이다.

> 저 물소리에 대해 나 무얼 말하리?
> 저건 물 흐르는 소리가 아니라,
> 아래 깊은 곳에서 춤을 추는
> 요정들의 노래일텐데.(46)

물의 요정과 주체와 객체를 이어주는 중재자로서의 '시냇물'은 수사학적으로 '비교의 제 3자tertium comparationis'로서 비유의 기능을 심층화하고 있다. "서사적 연속성"[22] 을 유지시키면서, 주체와 객체를 합일화의 가능성을 유보하고 있는 시냇물은 아이러니와 유사한 기능으로 주체의 정체성을 확인할 수 있는 가능성을 열어두고 있다. 『독일인의 새로운 시문학에 대해』라는 글에서 뮐러는 시적 자아의 위대성을 부각시키면서, 자아는 모든 강물들을 다 받아들이는 "영원한 바다"임을 언급하고 있다.[23] 이러한 주체의 '위대성'을 확인할 수 있는 가능성은 사랑으로 가시화된다. 「아름다운 물방앗간 아가씨」의 전반적인 주제이기도 한 사랑의 모티브는 긍정적인 유토피아와 부정적인 유토피아를 모두 내포하면서, 그 체험주체는 부분적이지만 비현실

---

22 R. Schieb, Metaphernreflexion im Liederzyklus 'Die schöne Müllerin', in: U. Bredemeyer/Ch. Lange (Hg.), 앞의 책, 329쪽과 332쪽.

23 R. Schieb, 'Die schöne Müllerin' und 'Die Winterreise', in: N. Michels (Hg.), Wilhelm Müller. Eine Lebensreise, Weimar 1994, 58쪽 참조.

또는 초현실의 공간에서 움직이고 있다. 현실을 넘어선 시간과 공간에서 이러한 주체의 체험은 죽음의 모티브 내지는 죽음을 동경하는 모티프로 나타난다.

이 모티프가 처음 사용되는 시는 열 번째 시 「눈물의 비」이다. 이 시의 5연에서 비현실 세계인 물의 세계는 죽음의 세계로 묘사된다. "그리고 온 하늘이/ 냇물에 잠겨 빛났고/ 물 속 깊은 곳으로/ 나를 데려가려 했네."(60) 낭만주의 시 중 특히 아이헨도르프 시 「두 젊은이」에서처럼, 죽음으로 이르게 하는 유혹의 모티브가 종교적 색채를 띠면서 정신이 이질적인 것에 의해 유혹받는 것이라면, 뮐러에게서 유혹은 삶의 고통에서 벗어나려는 동경으로 묘사된다.[24] 이처럼 삶을 벗어날 수 있는 자기성찰의 기능을 하는 거울의 이미지이기도 한 시냇물은 주체와 가상 속에 있는 객체를 이어주는 매개물의 기능을 할 뿐 아니라, 더 나아가 비현실적 가상공간 속에서 객체를 현재화하는 기능을 한다.

연작시 「아름다운 물방앗간 아가씨」의 마지막 시 「시냇물의 자장가Des Baches Wiegenlied」에서는 자살의 모티브로 묘사되는 부정적 유토피아가 더욱 강하게 나타난다. "피곤한 너 방랑자여, 이제 집에 왔네./ 이곳엔 진실 있으니/ 너 내 곁에 누워야 하리,/ 바다가 모든 시냇물을 마실 때까지."(83) 삶의 진실이 아닌 죽음의 진실이 삶의 '피곤함'을 해소시킬 수 있다는 역설은 이 연작시의 주제이기도 하다. 이 시의 바로 앞에 있는 19번째 시 「물방앗간 청년과 시냇물」도 대역시로서, 죽음으로 이르는 삶에서 나타나는 체험시의 위기적 현상을 잘 말해주고 있다. 이 연작시에서 뮐러는 주체의 회복가능성을 확신하지 못한 채, 문학의 고통을 낭만주의의 세계고통으로 이어가고 있다. 「아름다운 물방앗간 아가씨」의 '마지막 시' 「시인. 에필로그」[25]는 그러한 점을 잘 보여주고 있다.

---

24 J. Schulze, "O Bächlein meiner Liebe", in: Poetica 4(1971), 222쪽 참조.

25 Die Texte von Wilhelm Müllers Zyklen, 앞의 책, 162쪽.

마지막으로 스물 다섯 번째 시로서,
재치 넘치는 것을 말하는 에필로그로서.
하지만 시냇물이 슬픈 어조인
조사(弔辭)로 내 일에 간섭했네.
공허한 물 오르간 소리에서
모든 이들은 교훈을 쉽사리 배울 수 있으니.
나는 포기하겠네. 갈등을 그대로 두겠네.
모순된 것은 내 일이 아니기 때문이지.

4. 「겨울나그네」와 오르페우스

뮐러의 「겨울나그네」는 낭만주의의 세계고통이 손상된 주체를 회복시키는 '사랑'의 기억을 되찾을 수 있는 유일한 방법이 된다는 역설의 미학을 전개한다. 1821년부터 1824년 사이에 이루어진 이 연작시는 「아름다운 물방앗간 아가씨」처럼 방랑의 주도모티브를 그대로 이어가고 있다. 하지만 「아름다운 물방앗간 아가씨」에서 방랑의 끝이 자살의 모티브와 연관되고 있는데 반해, 「겨울나그네」에서 방랑은 언어의 음악화와 연관하여 아이러니의 문학의 '또 다른 가능성의 길'을 제시하면서 시대시의 특징을 지닌 열린 구조를 지닌다.

방랑의 여정에서 스물 네 가지의 장면을 보여주는 「겨울나그네」는 방랑을 주제로 하는 낭만주의의 많은 시들과 상호텍스트성을 지니고 있다. 그 중에서도 특히 울란트의 「방랑의 노래」의 밤의 이미지의 영향을 많이 받고 있다. 또한 뮐러가 '브로크하우스' 백과사전의 공동집필자로서 동시대인인 영국시인 바이런에 관한 글도 쓰게 되었을 때, 허무주의의 경향을 지닌 바이런의 시에도 영향을 받고 있다. 이 연작시의 서시인 「밤 인사Gute Nacht」는 바이런의 시 「밤 인사Good Night」와 상호텍스트성의 관점에서 언급할 수 있다. 「아름다운 물방앗간 아가씨」의 주제가 사랑에서 죽음의 이미지로 전이되고 있다면, 「겨울나그네」는 소원된 자아의 이미지부터 보여주면서 시작한다. 다음과 같이 시작되는 서시 「밤 인사」는 이러한 이미지를 보여주고 있다.

낯선 이로 찾아왔다가	Fremd bin ich eingezogen,
낯선 이로 다시 떠나네.	Fremd zieh' ich wieder aus.(7)

'다시'라는 표현에서 소외된 자아의 이미지가 「아름다운 물방앗간 아가씨」의 연속성에서 이어지고 있음을 암시하고 있다. 마치 20세기의 현대시에서나 볼 수 있는 어두움의 시학이 두드러지게 전개되는 「겨울나그네」는 다양한 모티프와 주제가 어우러져 있다.

겨울의 모티프는 단순한 계절을 지칭하는 것이 아니라 정치적인 맥락 속에서 냉혹한 역사의 겨울을 대변하고 있다.[26] 하이네가 이 시를 찬사를 보내면서, 그를 괴테와 함께 독일의 유명한 가곡시인으로 여기고 있는 것은 「겨울나그네」가 민요풍의 시대시의 성격을 지니고 있기 때문이다. 이런 점에서 '겨울나그네'는 주체의 이미지를 전이시키는 단순한 메타포라기보다는 역사적 의미맥락을 지니는 알레고리적 성격을 지닌다.

「겨울나그네」의 어두움의 시학에서 방랑, 고통, 죽음의 모티브가 주도적으로 나타난다. 시적 자아는 분열되고, 구원된 타자로서 여겨지지 못하는 "비동일성의 움직임"을 보여준다.[27] 특히 네 번째 시 「동결Erstarrung」에서 나그네는 "도대체 이곳에서는/ 그 어떤 기억도 할 수 없단 말인가?/ 나의 고통이 잠잠해지면/ 누가 그녀에 대해 말해줄까?"(12)라고 노래하고 있다. 곧 이어지는 「보리수」에서는 어두움 속에서 안식이라는 표현으로 죽음의 이미지가 강하게 드리워지면서, 열 여덟 번째 시 「도깨비 불Irrlicht」에서는 방랑의 과정에서 삶의 고통이 죽음으로 이르는 과정임을 드러내고 있다. "말라붙은 계곡을 더듬으며/ 나는 태연하게 내려갔네./ 모든 강이 흘러 바다로 가듯이,/ 모든 고통도 무덤에 닿으리라."(30) 삶과 죽음의 경계가 불분명한 이러한 방

---

26 H. Padrutt, Epochale Anklängen in den hinterlassenen Papiern des Wilhelm Müller, in: U. Bredemeyer/Ch. Lange(Hg.), 앞의 책, 100-101쪽 참조.

27 J. Hörisch, "Fremd bin ich eingezogen", in: Athenäum 1 (1991), 45쪽 참조.

랑의 모티브는 뮐러의 시 「영원한 유태인」의 이미지와 같이, 예수의 재림 때까지 영원히 방랑한다는 '아하스베르Ahasver'의 이미지가 감추어져 있다고도 볼 수 있다.

슈베르트가 '소름끼치는' 시라고 평한 「겨울나그네」의 그로테스크 기법은 우선 죽음의 이미지를 가장 강하게 드러내고 있는 「보리수」를 들 수 있다. 또한 아홉 번째 시 「회상Rückblick」에서 "까마귀들은 이 집 저 집 지붕에서/ 눈 뭉치와 싸락눈을 내 모자로 던졌네."(19)라는 까마귀 이미지, 「도깨비불」에서 도깨비 이미지, 스물 한 번째 시 「봄의 꿈Frühlingstraum」의 2연에서 "사방은 춥고 캄캄한데/ 지붕에서 까마귀 울음소리"(34)라고 또 다시 반복되는 까마귀 이미지와 열한 번째 시 「까마귀」, 열세 번째 시 「마을에서 Im Dorfe」의 첫 행에서 "개들이 짖네, 사슬이 찰랑거리네"(24)라는 개의 이미지, 열일곱 번째 시 「여인숙Das Wirthaus」에서 "길을 따라 가다보니/ 나 묘지에 다다랐네./ 바로 여기서 하룻밤/ 묵고 가리라 생각했네."(28)라는 묘지의 이미지, 그리고 마지막 시 「거리의 악사Der Leiermann」에서의 걸인악사의 이미지 등에서 잘 나타난다.

고통과 죽음의 등식관계는 꿈의 사라짐과 연관된다. 「겨울 나그네」 중에서 가장 민요풍이면서, 괴테와 아이헨도르프의 시를 연상하게 하는 「보리수Der Lindenbaum」[28] 에서 수많은 아름다운 꿈을 꾸었음을 고백하는 자아는 「마을에서」에서 꿈의 사라짐을 노래한다. "나에겐 더 이상 꿀 꿈이 없으니/ 자는 이들 사이에서 왜 서성거리랴?"(24)라고 자조적 아이러니 기법으로 자문하고 있다. 이 기법은 낭만주의의 멜랑코리 문학에서 주체의 체험성이 현실세계에서 불가능할 때 사용되는 수사학적 기법이다. 「아름다운 물방앗간 아가씨」와 비교해서 볼 때, '겨울나그네'의 행로는 비교적 뚜렷한 흔적은 보이고 있지만, 열여섯 번째 시 「이정표Der Wegweiser」는 진로의 막힘이라는 멜랑코리 문학의 특징인 절망적임 상태에 대해 말하고 있다. "나 이정표 하나 굳건히/ 앞에 놓여있음을 보니,/ 내가 가야 할 길은/ 아무도 돌아온 적 없는

---

28 G. Hartung, 앞의 글, 73-74쪽 참조.

길이네."(27)

뿐만 아니라 주체의 절망상태는 몸의 마비 또는 망각의 모티브로 더욱 활성화되고 있다. 네 번째 시 「동결」에서 "도대체 이곳에서는/ 그 어떤 기억도 할 수 없단 말인가?/ 나의 고통이 잠잠해지면/ 누가 그녀에 대해 말해줄까?// 내 마음은 죽은 것이나 다름없고"(12)라는 시행이 그 예이다. 특히 죽음으로 이르는 몸의 마비의 모티브와 연관된 망각의 모티브는 「아름다운 물방앗간 아가씨」에서의 「귀여운 망초꽃」과 유사한 이미지를 보이고 있다. 이러한 망각 또는 진로의 막힘이라는 멜랑코리를 벗어나기 위해 뮐러의 시적 주체는 때로는 고대 그리스의 신화세계 또는 니체의 디오니소스 신과 같은 거대한 자아로 묘사되기도 한다. 스물 세 번째 시 「용기!Mut!」에서는 "만일 지상에 신이 없다면/ 우리들 자신이 신이라네!"(38)라는 진술은 주체의 가상성을 벗어나기 위한 것이라고 볼 수 있다. 주체의 체험영역을 확장시키기 위한 이 과정에서 「겨울나그네」 역시 비현실 내지는 초현실의 영역을 넘나들고 있는데, 그 대표적인 시는 스물 번째 시 「환상의 태양Die Nebensonnen」이다. 한 연으로 된 이 시의 마지막 시행은 다음과 같다. "그래 얼마 전 내게도 태양이 셋 있었지./ 그 중 멋진 둘은 이제 져버렸다네./ 세 번째 태양도 따라 지면 좋으리!/ 차라리 어둠 속에서 더 편안할 텐데."(33)

이러한 어두움의 시학으로 이루어진 「겨울나그네」에서 시적 주체인 나그네가 만나는 사람은 단지 두 사람이며, 나머지는 모두 음악의 아리아처럼 '내적 독백'으로 이루어져있다. 「휴식」에서 숯쟁이와 「거리의 악사」에서 악사이다. 숯장수와의 만남은 분명하지 않지만, 거리의 악사와의 만남에서는 '처음으로' 대화로 바뀌면서 언어의 음악성과 전달가능성이 일치할 수 있는 가능성을 암시하고 있다. 「겨울나그네」를 종결하는 시론시 「거리의 악사」는 다음과 같다.

마을 뒤 저편에	Drüber hinterem Dorfe
거리의 악사 서 있네,	Steht ein Leiermann,
굳은 손가락으로	Und mit starren Fingern
정성을 다해 연주하네.	Dreht er, was er kann.

얼음 바닥에 맨발로	Barfuß auf dem Eise
이리저리 비틀거려도,	Wankt er hin und her;
그의 작은 접시는	Und sein kleiner Teller
항상 비어있네.	Bleibt ihm immer leer.
아무도 그를 들으려 하지 않고	Keiner mag ihn hören,
아무도 그를 쳐다보지 않네	Keiner sieht ihn an;
개들이 그 노인을 맴돌며	Und die Hunde knurren
으르렁거리고 있네.	Um den alten Mann.
어떻게 해도 그는	Und er läßt es gehen
상관하지 않고	Alles, wie es will,
연주만 하네. 그의 손풍금은	Dreht, und seine Leier
결코 멈추지 않네.	Steht ihm nimmer still.
기이한 노인이여,	Wunderlicher Alter,
나 그대와 함께 가리까?	Soll ich mit dir gehn?
나의 노래에 맞춰	Willst zu meinen Liedern
그대의 악기를 켜주시겠소?	Deine Leier drehn?(39)

「겨울나그네」에서 주도적으로 나타나는 모티브들, 즉 겨울, 차가움, 외로움, 개, 사회적 소외감 등은 이 시의 걸인악사의 이미지에서도 그대로 이어받고 있다. 그러나 시적 주체는 분열된 자아가 지닌 비동일성의 움직임에서 벗어나 거리의 악사와 이미지 합일을 시도하고 있다. 방랑자와 악사가 하나로 동일시되는 이 과정은 내적 독백으로 이어져 온 언어가 대화의 형식으로 전환되는 과정이며, 음악화 된 언어가 '비로소' 소통가능성을 지니고 있음을 암시한다. 방랑의 고통에서 벗어나는 길은 시작(詩作)이 노래가 되는 순간인 것이다. 이 순간으로 향한 과정에서 '겨울나그네'가 '우연적으로' 만나게 된 '끝없이 노래하는 악사'는 낭만주의 시문학을 새롭게 할 수 있는 가능성을 보여주는 알레고리 이미지이며, 비록 왜곡된 이미지이지만 오르페우스 이미

지, 즉 "겨울의 오르페우스" 이미지를 보여주고 있다.[29] 노발리스와 슐레겔에 이론적 기반을 두고 있는 낭만주의의 '우연성'은 낭만주의의 아이러니와 연관성을 지닌다. 그리고 아이러니가 부정성 가운데 제시하는 긍정성, 즉 시적 자아가 자신이면서도 동시에 다른 자아가 될 수 있는 지에 대한 수사학적 긍정성은 시인과 가인의 동일성의 가능성에 있는 것이다.

뿐만 아니라 이는 시적 허무주의의 긍정성을 보여주는 것이기도 하다. 환언하면 허무주의적인 '차가운' 현실인식 속에서 새로운 유형의 민요시를 요구하는 것이다.[30] 이 시의 마지막 행에서 "기이한 노인이여,/ 나 그대와 함께 가리까?/ 나의 노래에 맞춰/ 그대의 악기를 켜주시겠소?"라는 진술은 바로 겨울의 오르페우스 이미지 속에서 노래와 시작(詩作)이 일치할 수 있는 가능성을 나타내고 있다. 이런 점에서 뮐러의 시는 낭만주의 시학의 전형적인 한 특성을 보이면서도 시대시의 의미를 지니고 있다. 외부현실의 불투명성과 궁핍성으로 인해 야기된 주관성의 위기를 시적 진술과 '노래'와의 합일화를 통해 극복할 수 있는 가능성을 열어두고 있는 것이다.

5. 맺는말

후기낭만주의 시인인 뮐러의 민요시는 초기낭만주의 시와 하이네의 시대시에 이르는 과도기적 성격을 지닌다. 하이네의 『노래의 책』에게 많은 영향을 미친 그의 대역시에서 보여지는 아이러니 기법은 낭만주의 아이러니와 시대시의 아이러니 기법과 혼용되어 있다. 이러한 혼용성은 슈베르트가 작곡한 「아름다운 물방앗간 아가씨」와 「겨울 나그네」에서 잘 나타난다.

「아름다운 물방앗간 아가씨」에서 방랑자의 여정이 자살로의 여정이라

---

29 Ch. Wittkop, 앞의 글, 142-150쪽 참조.

30 위의 글, 152쪽.

면, '겨울나그네'의 여행은 언어의 음악성을 회복할 수 있는 가능성을 찾는 예술가의 글쓰기 과정이다. 특히 「겨울나그네」에서는 아이러니의 개방성은 프리메이슨의 유토피아적 가능성을 잘 드러내주고 있다. 이런 점에서 「겨울나그네」는 열린 시이다. 이 시는 이질적인 이미지들을 문학적 연상과정으로 응집력 있는 예술적 통일체로 만들고 있다. 이 시도는 손상된 주체의 회복시키는 것뿐 아니라, 비록 왜곡된 이미지로 나타나고 있지만 시인의 이상적 이미지로서 고대 그리스 신화의 오르페우스에서 보여지는 이른바 '위대한' 주체를 복원시키는 것이기도 하다. 또한 이는 시와 노래의 합일, 예술과 삶의 합일의 가능성을 드러내는 것이다. 이 과정이 시적 허무주의를 벗어날 수 있는 아이러니화의 과정이며, 삶의 피곤함과 죽음으로 경도된 것을 멜랑코리 문학으로 치유할 수 있는 아이러니의 기능으로 이루어진 것이다.

참고문헌

Theodor. W. Adorno, Schubert. In: Ders., Gesammelte Schriften, Bd. 17, Frankfurt a. M 1982, S. 18-33.

Norbert Altenhofer (Hg.), Heinrich Heine. Teil 1, Dichter über ihre Dichtungen, Bd. 8/1, München 1971.

Dietrich Fischer-Dieskau(Hg.), Texte deutscher Lieder. Ein Handbuch. 11. Auflage, München 1997.

Günter Hartung, Wilhelm Müller und das deutsche Volkslied. In: Weimarer Beiträge 5(1977), S. 46-85.

Ulrich Hartung, "Wilhelm Müllers Beziehung zur Freimauerei – eine Reflexion der Wintereise." In: Ute Bredemeyer/ Christiane Lange (Hg.), Kunst kann die Zeit nicht formen. 1. internationale Wilhelm-Müller-Konferenz, Berlin 1996, S. 174-182.

Heinrich Heine, Beiträge zur deutschen Ideologie. Mit einer Einleitung von Hans Meyer, Frankfurt a. M./Berlin/Wien 1971.

Walter Hinck (Hg.), Schläft ein Lied in allen Dingen. Poetische Manifeste von Walther von der Vogelweide bis zur Gegenwart, Frankfurt a. M. 1985.

Jochen Hörisch, "Fremd bin ich eingezogen." Die Erfahrung des Fremden und die fremde Erfahrung in der 'Winterreise'. In: Athenäum 1 (1991), S. 41-67.

Wilhelm Müller, Die Winterreise und Die schöne Müllerin, Zürich 1991.

Hanspeter Padrutt, "Epochale Anklänge in den hinterlassenen Papieren des Wilhelm Müller." In: Ute Bredemeyer/ Christiane Lange (Hg.), Kunst kann die Zeit nicht formen. S. 100-109.

Michael Perraudin, Heine and Wilhelm Müller, a Poetic Relationship. In: Archiv 137 (1985), S. 22-46.

Joachim Schulze, "O Bächlein meiner Liebe". Zu einem unheimlichen Motiv bei Eichendorff und Wilhelm Müller. In: Poetica 4(1971), S. 215-223.

Rolf Vollmann, Wilhelm Müller und die Romantik. In: Arnold Feil, Franz Schubert. Die schöne Müllerin. Winterreise, Stuttgart 1996, S. 173-184.

Christiane Wittkop, "Orpheus im Winter. Zur poetologischen Bedeutung des Leiermanns in der Winterreise." In: Ute Bredemeyer/ Christiane Lange (Hg.), Kunst kann die Zeit nicht formen, S. 141-154.

Ute Wollny-Bredemeyer, "Ich kann weder spielen noch singen". Wilhelm Müllers Beziehung zur Musik. In: Ute Bredemeyer/ Christiane Lange (Hg.), Kunst kann die Zeit nicht formen, S. 280-290.

찾아보기

첫 행으로 찾아보기 • 원문

첫 행으로 찾아보기 • 한글

피종호 서울대학교 독문학과를 졸업하고 독일 쾰른대학교 철학부 독문학과에서 박사학위를 받았다. 위스콘신대학교(매디슨) 객원교수, 독일 바이로이트대학 DAAD 초청교수, 한양대학교 인문학연구소 및 미디어문화연구소 소장, 한국카프카학회 회장, 한국미디어문화학회 회장을 역임했으며 현재 한양대학교 학술정보관장, 한양대학교 독문학과 및 대학원 대중문화/시나리오 협동과정 교수, 한국독일어문학회 회장, 사립대학도서관협의회 회장을 맡고 있다. 저서로 『영상문화시대에 따른 인문학적 대응전략으로서의 이미지 연구』(공저) 『유럽영화예술』(공저) 『몸의 위기』(공저) 『해체미학』(대한민국학술원 우수학술도서) 『디지털미디어와 예술의 확장』(공저/문화체육관광부 우수교양도서) 『모더니즘의 영화미학』 『영화와 탈신화』(공저) 『문학의 탈경계와 상호예술성』(공저/문화체육관광부 우수학술도서) 『포스트모더니즘 영화미학』 『동독 영화—생성과 붕괴, 그리고 영향사』 등이 있고, 역서로 『시몬 마샤르의 환상』 『릴케 산문집』 『헤세의 이야기꾼』 『헤세의 환상단편집』 등이 있으며, 논문으로 「아도르노의 영화비판」 「크라카우어의 영화미학」 「벤야민의 매체이론」 「예술형식의 상호매체성」 「니체의 신화와 예술이미지」 「후기구조주의의 웃음미학」 「파스빈더의 영화와 혼합된 매체현실」 「다다이즘의 추상적 해체예술의 이미지」 「영화의 디스포지티브와 자기반영성」 「디지털문학의 유형」 「사이버네틱스, 사이보그, 사이버페미니즘」 「사이보그영화와 포스트모더니즘」 「다큐멘터리 영화의 리얼리즘과 허구성」 「카프카의 『성』과 미하엘 하네케의 포스트모더니즘 영화 〈성〉」 「콘라트 볼프와 멜로드라마 형식의 반파시즘 영화」 「연극 형식과 색채 드라마투르기—피터 그리너웨이의 바로크 포스트모더니즘 영화」 「플라톤의 이미지이론과 가시성」 「무의식 속의 욕망과 좌절의 변증법—라캉의 주체이론」 외 다수가 있다.

독일 시와 가곡 2 — 크리스티안 F. 겔러르트에서 헤르만 헤세까지의 연가곡

펴낸날 2016년 8월 30일 초판 1쇄

지은이 피종호 ● **펴낸이** 이영무

펴낸곳 사곰 ● **출판등록** 제4-7호(1972.2.29) ● **인쇄** 현문

주소 서울 성동구 왕십리로 222 ● **전화** 02.2220.1432-4 ● **팩스** 02.2220.1435

홈페이지 press.hanyang.ac.kr ● **이메일** presshy@hanyang.ac.kr

사곰은 '새김[刻]'과 '해석[釋]'을 뜻하는 중세 국어 '사곰'을 변형하여

한양대학교출판부가 만든 출판 브랜드입니다.

ISBN 978.89.7218.498.0 (94850)

978.89.7218.496.6 [세트]